AF252758

PARIS SANS PAIR
BIBLIOTHEQUE
DE
PAUL LACOMBE

LE RÉGIMENT

DE

LA CALOTTE

PAR

LÉON HENNET

Avec quatre gravures en fac-similé

PARIS

LIBRAIRIE DES BIBLIOPHILES

Rue Saint-Honoré, 338

M DCCC LXXXVI

LE RÉGIMENT

DE LA CALOTTE

TIRAGE A PETIT NOMBRE

Il a été tiré en plus :

50 exemplaires sur papier de Hollande.
15   —   sur papier de Chine.
15   —   sur papier Whatman.

80 exemplaires, numérotés.

AIMON PREMIER
Général de la Calotte.

LE RÉGIMENT

DE

LA CALOTTE

PAR

LÉON HENNET

Avec quatre gravures en fac-similé

PARIS

LIBRAIRIE DES BIBLIOPHILES

Rue Saint-Honoré, 338

—

M DCCC LXXXVI

A Monsieur Henry HENNET,

Ancien Chef des Archives de la Guerre.

Mon cher père,

Tes paroles comme ton exemple m'ont enseigné que le travail est un devoir réconfortant, et que par une vie de labeur l'homme se grandit.

Je te dédie ces pages pour t'en remercier.

Ton fils affectionné,

Léon HENNET.

Ce 7 mars 1886.

PRÉFACE

Un libraire chargé de dresser le catalogue de la bibliothèque de Lamennais a classé sous la rubrique « *Théologie* » les Mémoires pour servir a l'histoire de la Calotte. *Ne suivons pas ce bibliographe dans le dédale de son érudition extraordinaire. Restons ordinaire, et déclarons que dans le Régiment de la Calotte on ne doit voir qu'une simple manifestation de l'esprit français.*

Né à la suite d'une plaisanterie, le Régiment prit bien vite un but sérieux malgré des apparences frivoles. Frappés des intrigues de la Cour et des bassesses des courtisans, émus de la licence des mœurs sous des dehors austères, trouvant injurieux pour le caractère français si primesautier la préciosité du langage et l'ampleur vide de la littérature académique, les chefs de la Calotte voulurent corriger ces travers. Ils se proposèrent aussi de flageller les fats ambitieux, les dépravés et les sots.

Dès le début, la facétieuse milice reçut l'appui des ministres, du roi même. Longtemps les détenteurs du pouvoir se servirent des calottines pour réprimer l'audace ou les folies de personnes dangereuses à l'État ou à leur autorité. Publiée habilement, au moment opportun, une calottine abattait le personnage qu'elle voulait atteindre ; elle le tuait par le ridicule. C'est par le même procédé que Maurepas, à la demande du cardinal de Fleury, fit la célèbre chanson :

> Rendez-nous Pucelle, oh ! gué,
> Rendez-nous Pucelle !

L'abbé Pucelle, conseiller au Parlement,

après que le roi eut ordonné le silence au premier président, avait osé présenter un écrit
sur lequel étaient consignées les plaintes de la
compagnie. Cette conduite courageuse valut
l'exil à Pucelle, et les couplets de Maurepas
prévinrent le soulèvement des Parisiens. Tout
le monde les chanta, à la ville comme à la
Cour, et l'abbé fut discrédité.

Si la Calotte servait aux ministres, cette
aide souvent leur coûta cher. Ils ne furent ménagés ni eux, ni les princes, ni le roi. Leurs
actes sont satirisés maintes fois d'une façon
virulente. Les ministres acquittant ainsi le
prix des services qui leur étaient rendus,
l'indépendance des rimeurs de la Calotte est
évidente.

Assurément, Maurepas a fait des couplets
dirigés contre lui-même afin de détourner les
soupçons sur leur auteur, mais ils sont bé-
nins, inoffensifs; la louange se mêle à la critique et l'absorbe. Il en est tout autrement
dans la Calotte, lorsqu'on flagelle le duc de
Bourbon; quand, à propos du lit de justice

pour l'enregistrement de la bulle Unigenitus, Louis XV est déclaré avoir « renversé toutes les lois ».

Une preuve de l'indépendance du Régiment de la Calotte réside encore dans les luttes religieuses. Le Régiment est franchement janséniste ; il n'a pas de défaillance, et de ses sarcasmes mordants ou railleurs poursuit et jésuites et prélats acceptants.

C'est sous le quadruple point de vue de flagellateur des mœurs et des abus, d'opposition au pouvoir, des luttes religieuses, de correcteur du langage, que je passerai en revue le Régiment de la Calotte.

« Tout le monde a quelque grain de folie », disait Aimon, le généralissime. Sous la Régence, on prenait cela pour un paradoxe enfanté par un cerveau malade. Comme chacun voit la poutre dans l'œil du voisin, les facéties du Régiment de la Calotte étaient baptisées de folies. Aujourd'hui encore ce sont des folies ;

c'est reconnu. Pourtant, en lisant les recueils de calottines, on y rencontre, au contraire, une observation fine, de la satire attique; mieux, du pur esprit français frappé au bon coin du XVIIIe siècle.

Il est aussi admis généralement que la milice de la Calotte était une école de libertinage et de licence, que les pièces sont « ordurières ». Voilà de bien gros mots appliqués à des gens qui assurément n'avaient pas renoncé, en une époque de mœurs relâchées, à Satan, à ses pompes et... aux œuvres féminines, mais qui combattaient la licence là où elle était inexcusable, flétrissaient les maris complaisants et stigmatisaient la dépravation des « officiers de la manchette », dont la maréchale de Berwick arrêta les tentatives sur Louis XV.

Et l'auteur de cette réputation de libertinage est Soulavie ! C'est dans les MÉMOIRES DE MAUREPAS *qu'elle fut lancée, et pourtant le « fécond écrivain » y raconte des anecdotes bien scabreuses sur divers personnages. Si leurs actes intéressent l'histoire, leur santé lui importe*

a.

peu. Aussi bien Soulavie aurait-il pu passer sous silence l'historiette des papillotes de la princesse de Montauban, ainsi que les détails plus qu'intimes sur la femme de Charles II d'Angleterre, princesse de Portugal, chez qui... *Cecidit naturæ forfex.* Si les calottines sont ordurières, comment qualifier l'auteur qui se plaît en de tels détails ?

A l'ancien vicaire général du diocèse de Châlons on pourrait appliquer ces vers de Voltaire sur Camusat :

> Qui depuis a quitté rabat
> Pour prendre gentille soubrette.

Et pourtant, il accuse les régents de la Calotte de déchirer la religion, lui prêtre constitutionnel, lui prêtre marié, lui qui jetait alors si allègrement le froc aux orties. Contradiction de pure essence humaine ! Théorie toujours vraie du « Faites ce que je dis, et non ce que je fais ! »

Dans le prêtre, il ne faut voir que l'homme, avec ses grandeurs comme avec ses faiblesses.

*C'est ainsi que procédait la Calotte. Les fai-
blesses sont aussi rares qu'elles pourraient
l'être en notre temps d'immoralité, mais elles
causent des scandales. Cependant, pour le catholicisme ce serait preuve d'essence divine
d'avoir pu résister aux fautes,* culpa et error,
de son clergé.

*Tant que le monde sera monde, la douce
philosophie du Crucifié du Golgotha planera.
Elle sera la base de toute morale, ainsi que le
chemin tracé à la conscience. Les erreurs
ecclésiastiques entraîneront la chute finale du
pouvoir temporel déjà si fortement ébranlé.
Que le clergé renonce à ce pouvoir temporel
dont l'exercice est contradictoire à sa mission,
les âmes lui reviendront heureuses et battant
des ailes. On n'a pas oublié, et l'on n'oubliera
pas de longtemps, le fardeau de la puissance
du clergé. Les années sont loin, si elles furent
jamais, où le cerveau n'était pas le maître de
l'âme, où celle-ci, toujours prête à l'oubli, cé-
dait à l'implacable* remember *de celui-là. La
sagesse voudrait qu'il en fût autrement, mais*

le cerveau est un maître despotique, le moteur de nos actes moraux comme de nos actions physiques.

Autrefois c'était en plaisantant, aujourd'hui c'est sérieusement que l'on prétend que chacun est fou. Les médecins en ont fait la rassurante découverte. A la folie ils ont donné des caractères si divers, on la reconnaît à des causes si multiples et si sûres, paraît-il, que l'on arrive à douter de soi. De là à agréger dans ce régiment à effectif débordant le corps médical, il n'y a qu'un pas. Ce doit être un des caractères de la folie de voir des fous partout.

Alors une pitié maladive s'empare des esprits. De purs scélérats deviennent des agneaux irresponsables, que la prison repousse et que l'hôpital ne reçoit même pas. La statistique de la criminalité devient effrayante.

Les esprits inventifs, — rien ne les embarrasse, — en sont quittes pour découvrir de

nouveaux symptômes de la folie. On s'extasie ;
le badaud proclame les progrès gigantesques
faits par la science. Il faut convenir que ces
louanges ne sont point absolument imméri-
tées : il n'est pas à la portée de tous de découvrir des secrets tels que la psychopathie.

Pour être nouvelle, cette disposition mor-
bide n'en est pas moins curieuse. Le psychopathe est un être dont les facultés mentales
paraissent en équilibre normal, qui pense
avec logique, distingue le bien du mal, rai-
sonne ses actions. Mais le psychopathe est dé-
pourvu de toutes notions morales, il ne pense
qu'à lui, n'a de sacré que le moi. Pour satisfaire ses passions, aucun obstacle ne l'arrête,
aucune considération de personnes.

Progrès de la science ! Jadis on eût qualifié
un tel homme « égoïste fieffé », s'il agissait en
vue de son bien personnel ; ou « ambitieux »,
s'il convoitait le pouvoir,... même la dépu-
tation. Le savant tout entier à son œuvre,
psychopathe ! l'employé qui brigue de l'avancement sans tenir compte des services et des

titres de son voisin, psychopathe encore. L'amour, ce doux consolateur de l'humanité, l'amour qui fait que l'homme se sent ou devient quelque chose, par lequel il vaut la peine de vivre : l'amour, psychopathie !

Tous psychopathes ! Car cette maladie n'est nouvelle que de nom. Par ses changements de vocable, elle tient plus à la philologie qu'à la science médicale. Quel que soit le nom pompeux dont on la décore, elle est inhérente à la nature humaine. L'homme naît et meurt avec elle. C'est elle qui le guide dans la vie, lui donne le désir des grandes choses, lui procure la force d'être quelqu'un ici-bas. Elle est développée au suprême degré dans ce charmant égoïste, ce tyran adoré, qu'on nomme l'enfant ; mais jusqu'alors on avait soigné la psychopathie par l'éducation. Aujourd'hui on préférerait les douches, si l'on ne déclarait la maladie inguérissable.

Il faut bien que les professeurs de psychiatrie gagnent leurs honoraires. Contradiction, cependant, car qui déclare ne pas rencontrer l'âme sous son scalpel ne doit pas pouvoir en connaître les maladies, propre d'une chose existante.

Un excès en entraîne un autre. De la folie on tombe dans le ψυχή. Quel abus du psych se fait de nos jours ! On a la psychiatrie ; le cœur envoyait des souhaits, maintenant c'est psychiquement qu'ils franchissent la distance ; puis c'est la psychologie qui devient denrée courante, elle que l'on n'entrevoyait autrefois que dans les brumes du volumineux MANUEL DU BACCALAURÉAT. Vous recherchez sans prétention, comme il semble qu'un auteur doive le faire, la philosophie du sujet que vous traitez. C'est une chose si naturelle qu'on ne la relevait pas. Mais la critique moderne se tient à la hauteur des découvertes récentes, et vous devenez un psychologue. L'auteur ainsi gratifié est dans une pénible alternative. « S'il croit que c'est arrivé », ses amis se moquent de lui ; s'il ne le croit pas, il pense que le critique a voulu rire à ses dépens. Pauvre auteur ! De quelque côté que tu te tournes, le rire, ce rire éminemment désagréable, la risée, qui égratigne l'amour-propre.

On met bien, du reste, nouvelle muscade, de la philosophie partout. Nous nous payons de mots. Dans le domaine scientifique ou littéraire comme dans le langage boulevardier, il existe des clichés qu'on ne saurait écarter sans croire manquer à sa dignité. Il en est de la psychologie et de la philosophie ainsi que des aimables expressions de notre folle jeunesse, étriquée de vêtements et d'esprit.

Mais je crains de laisser penser que je subis l'influence de la Calotte. Aussi bien cette dissertation pourrait amener une douce somnolence chez les uns, et servir aux autres à caractériser un nouveau genre d'affection cérébrale : la lexéopathie. Ce serait grave. Vite, qu'on me décerne

> Calotte oreillarde,
> Convenable à si léger chef ;
> Et de crainte que par méchef
> Un si fin cerveau ne s'évente,
> ..... qu'elle soit très pesante

Et d'un métal si bien fondu,
Qu'il ne puisse être morfondu.

Avant d'entrer dans le détail du Régiment, je tiens à remercier mon ami Auguste Thierry de Maugras de l'obligeance avec laquelle il m'a secondé dans mes recherches. Le lecteur bienveillant me pardonnera d'avoir voulu acquitter ici cette dette de reconnaissance.

L. H.

LE RÉGIMENT

DE LA CALOTTE

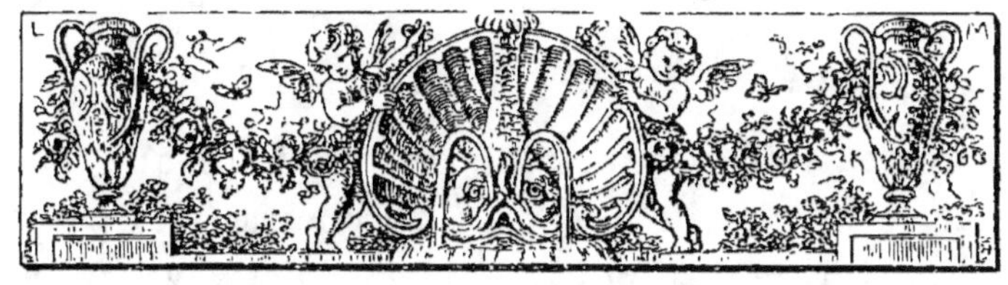

I

LE RÉGIMENT DE LA CALOTTE

Vers la fin du règne de Louis XIV, en 1702, un jour que Torsac, exempt des gardes du corps, Aimon, portemanteau du roi, et plusieurs officiers se trouvaient réunis, ces messieurs firent mille plaisanteries sur une migraine dont l'un d'eux souffrait, et proposèrent d'apposer une calotte de plomb sur la tête du malade. La conversation s'échauffa. L'idée en naquit de corriger les mœurs, de combattre par l'arme du ridicule le style précieux alors à la mode et d'ériger un tribunal opposé à celui de l'Académie. Pour mener à bien une pareille entreprise, il fallait des troupes éprouvées. Aussi ne jugea-t-on pas pouvoir mieux faire que de créer un régiment où l'on incorporerait les personnes qui se distingueraient... par l'extravagance de leurs discours et de leurs actions [1].

On ne manquera pas de nous accuser de légèreté, pensèrent les auteurs de ce beau projet. Comme argument irréfutable, ils prirent pour insigne une calotte de plomb. C'était en avoir dessus, s'ils n'en avaient dedans la tête. La conséquence de ce choix fut que le nom de la nouvelle milice était tout trouvé : on la baptisa *Régiment de la Calotte*. Elle fut mise sous la protection du dieu Momus et de la Lune : *Luna influit, favet Momus*.

A l'unanimité, Aimon fut élu général. Au milieu d'un banquet splendide, il reçut pour marques de sa dignité une marotte et une calotte ornée de girouettes, de grelots, de rats et de papillons, symboles du régiment.

Par un sentiment d'équité qui lui fait honneur, Aimon, ayant trouvé plus fort que lui, remit ses fonctions. Pendant le siège de Douai (avril-juin 1710), Torsac, étant chez le roi, s'avisa de dire qu'avec 30,000 hommes et carte blanche il ferait

1. Comme l'archevêque de Reims, Armand-Jules de Rohan, dit *le cardinal La Planche*, nommé *grand aumônier des Petites-Maisons* à cause de la fondation d'une messe annuelle pour le brûlement de son mandement.

lever le siège aux ennemis, et même reprendrait en quinze jours toutes leurs conquêtes depuis le début de la guerre. Immédiatement Aimon lui remit le bâton de commandement.

Philippe-Emmanuel de La Place de Torsac, dit son *Éloge historique,* « naquit à Angoulême sur le déclin de la lune d'octobre, et l'an de notre ère lunaire qui répond à l'année 1678 du calendrier grégorien. Il étoit d'ancienne noblesse, dont il ne reste de titres originaux que depuis l'époque de l'invasion des Goths et des Visigoths qui ravagèrent le château de Torsac, bâti de la main des fées sous le règne de Clodion le Chevelu ». A dix-huit ans, il reçut une cornette de cavalerie. Son éloge raconte qu'il forma le dessein de percer le camp ennemi, et, travesti en apothicaire, de pénétrer jusqu'à la tente de Marlborough « pour lui offrir les secours généreux et insinuans de sa profession déguisée ». Son but était d'avoir la gloire de faire tourner le dos au plus fier de nos ennemis ; mais son colonel, jaloux, s'y serait opposé.

Il avait une sensibilité presque superstitieuse sur les respects qui sont dus à la condition de la part de ceux qui ne l'ont pas. La roture des chirurgiens et des barbiers passait dans son esprit pour un des plus grands désordres de l'État et des plus humiliants pour le corps de la noblesse, tant

il lui paraissait insultant qu'un irrespectueux roturier portât une main familière, avec un fer bru-
tal, sur la peau d'un gentilhomme. Aussi se
rasait-il lui-même, et, pour acquérir le droit de
faire sur lui des fonctions, un chirurgien aurait
dû prendre ses preuves non à Saint-Côme, mais
chez d'Hozier ou chez Clairambault.

Blessé un jour d'un coup de feu à la cuisse et
presque évanoui, il se ranima pour demander au
chirurgien s'il était gentilhomme. Sur la réponse
négative qui lui fut faite, il voulut se panser lui-
même, et ses amis durent avoir recours à la violence
« pour le soumettre à la sonde et au bistouri
roturier ». Lorsqu'il eut plus tard le bras cassé
d'un coup de mousquet, Torsac eut l'adresse de
se dérober à cette espèce de dérogeance et se pansa
de ses propres mains.

Capitaine de cavalerie, puis de carabiniers,
Torsac « eut si bien l'art de renfermer les talents
et d'être ignorant par bienséance, que dans ses
campagnes les officiers les plus pénétrants sur les
défauts d'autrui ne le suspectèrent jamais d'un
grand génie, moins encore d'être savant ». Devenu
enfin exempt de la compagnie de Villeroy des
gardes du corps du roi [1], il se fit remarquer par

1. Il était premier exempt de cette compagnie, avec brevet de
mestre de camp de cavalerie, lors de son décès arrivé vers sep-

ses gasconnades. Aux communs du roi, il blâmait
l'architecture et la petitesse des cuisines ; il leur
comparait celles du château de Torsac, qui possédait cinq cuisines de plain-pied plus hautes que
les voûtes de l'église Saint-Eustache. Le fabuleux
château de Torsac, prétendait-il, possédait, lors
de son ravage par les Visigoths, une galerie qui
éclipsait celle de Versailles : elle avait deux mille
pas de long sur cinq cents de large. Au surintendant des bâtiments, il soutenait que la majesté
des édifices royaux résidait plus dans le prodige
de la masse que dans le faste des ornements.

Ces plaisanteries dont Torsac endossait la res-
ponsabilité sont des satires. Le général de la Calotte était quelque peu hâbleur, mais on lui prête
des propos ou des réflexions de diverses personnes
en vue. Tels, en juin 1721, les motifs de la suspension de Torsac, sous prétexte qu'il avait établi
la division entre lui, généralissime, le général
Aimon et le lieutenant-colonel Saint-Martin. On
va jusqu'à défendre « à tous nos officiers et autres
de le reconnoître pour tel, jusqu'à ce qu'il ait reçu
la visite qu'il assure que l'ambassadeur de la

---

tembre 1723. Torsac avait épousé une demoiselle Cuvernon,
sœur du receveur des tailles à Pontoise, trépassée avant lui. Il
laissa deux enfants en bas âge. L'un est décédé en 1725 ; l'autre, Alexandre-Charles-Gabriel, mourut en 1754 exempt des
gardes du corps en la compagnie écossaise.

I.

Porte ottomane doit lui rendre à Pontoise ». Cette facétie, rédigée par Aimon, est un tableau de l'époque.

« En considération de la grande blessure qu'il a reçue à la bataille de Jéricho », le nom de Torsac continua à être énoncé à la tête des brevets, et il remplit conjointement avec Aimon les fonctions de généralissime. Aimon, du reste, avait toujours conservé une grande action sur le régiment de la Calotte, et lors du décès de Torsac il reprit purement et simplement le commandement en chef.

Aimon « quitta la scène du monde » en 1731. Le 28 mai de cette année, le marquis de Livry[1] donna un magnifique repas dans son château à trente des principaux officiers du régiment de la Calotte. On tint table pendant quatre heures, puis on procéda à l'élection du généralissime. A l'unanimité, les voix se portèrent sur Saint-Martin[2], lieutenant-colonel de la Calotte. Aussitôt le héraut du régiment le proclama à haute voix ; les tambours et les fifres retentirent ; on arbora les

1. Louis Sanguin, chevalier et marquis de Livry-le-Château, premier maître d'hôtel du roi, chevalier de ses ordres, conseiller en ses Conseils d'État et privé par brevet de juin 1724, capitaine des chasses de la forêt de Livry et Bondy, lieutenant général des armées.

2. Amédée-Paul-Achille de Saint-Martin, lieutenant au régiment des gardes françaises.

étendards et les trophées du corps, et un courrier
partit annoncer la nouvelle au roi et à la reine,
qui avaient demandé à être des premiers informés
du résultat de l'élection.

Piron prit alors la parole et prononça à la
louange du général défunt et du nouvel élu une
harangue en vers, parodie de la scène II de
l'acte Ier d'*Andromaque*. Après la harangue, on
conduisit Saint-Martin en grande pompe au bruit
des fanfares dans un salon superbe, où l'élection
fut largement baptisée. Plusieurs ministres et am-
bassadeurs assistèrent à la cérémonie.

En France, « tout finit par des chansons », a dit
Mazarin. Avec le régiment de la Calotte, c'est
bien le rire qui est le but, — *Ridere regnare est,*
telle est la devise, — mais il procédait par brevets
où la satire n'était point ménagée.

Ces brevets ne restaient pas dans les cartons de
leurs auteurs. Ils étaient répandus par ceux-ci,
par leurs amis, voire par les personnes brevetées.
Quelques volées de bois vert données ou reçues
montrent que la divulgation des brevets ne se fit
pas toujours avec l'agrément des titulaires.

Gacon fit un brevet contre l'abbé d'Auvergne
en faveur du cardinal de Saint-Albin, pour l'affaire de l'abbaye de Saint-Martin-des-Champs. Il

envoya le brevet au cardinal en lui demandant
l'autorisation de le faire circuler. Faut-il conclure
que c'était la façon habituelle de procéder, et que
si l'autorisation était refusée on passait outre,
comme les épaules de Roy pourraient en témoi-
gner? Quoi qu'il en soit, quelle que fût la marche
suivie, les brevets se répandaient. Maurepas, l'An-
drieux du XVIIIe siècle, en fournit la preuve par
ses collections, et Barbier, en mars 1722, dit qu'il
voudrait bien avoir toutes les pièces de vers qui
ont été faites pour la Calotte, et donne celles qu'il
s'est procurées.

Les rimeurs et rédacteurs de la Calotte ne crai-
gnaient pas de produire les brevets ou lettres
patentes en haut lieu, auprès des personnages de
la Cour [1]. Ces derniers mêmes se faisaient un malin
plaisir de régner deux fois : régner par le pouvoir,
régner par le rire. Ainsi l'on raconte, — c'est imprimé, il y faut croire, — que le Régent donna au
marquis de Broglie [2], afin d'en faire la lecture, le
brevet où son favori était ridiculisé d'une façon
sanglante. Broglie demeura imperturbable au début; mais, arrivé à certain passage, le papier lui

1. Aimon remit la calotte de plomb à l'abbé Maigret en présence de Louis XIV.

2. Charles-Guillaume (1669-1751), lieutenant général, gouverneur de Gravelines et directeur général de l'infanterie.

tomba des mains. Alors le Régent de rire et d'observer que le portrait était parfait, puisque Broglie s'y reconnaissait.

Le marquis de Broglie, que, pour parler comme au 101e *Régiment*, on vit officier à l'armée après l'avoir vu officier à l'église, s'était mis en tête de réformer le code militaire d'une façon plus ou moins heureuse. Un brevet lui est délivré :

> Je l'installe, malgré vos dents,
> Inspecteur de mes régiments,
> Réformateur de la Calotte,
> Et je permets à sa marotte
> D'établir nouveaux règlements,...
> De débiter visions, songes,
> Fables, sornettes et mensonges,
> Et fronder en diable et demi
> Contre bon sens, son ennemi.

Puis on le nomme inspecteur, surintendant et contrôleur des cerveaux creux,

> Vu l'entonnoir et les machines
> Qu'il trouva pour fouiller les mines
> Et montagnes du Vivarais,

le reconnaissant

> Capable de toute manie,
> Fors celle d'exposer sa vie.

Une autre fois, le comte de Charollais, à sa table, à Chantilly, lit un brevet d'avocat concédé au

marquis de Tessé, capitaine des gardes du duc de
Bourbon. Accompagnant ce prince au Parlement,
Tessé assassina les personnes présentes de ses
questions sur le sort du procès du duc de La Force,
compromis dans le Système [1]. Deux avocats railleurs, obsédés de l'insistance du marquis, lui con-
seillèrent, au lieu de s'amuser à ces bagatelles, de
demander la confiscation de 30,000 porcs que le
duc de La Force avait achetés en Normandie.
Tessé prit le conseil pour argent comptant, rédi-
gea une requête et la présenta au Régent. De là,
afin de ne pas laisser la vertu sans récompense,
ce brevet d'avocat, vu ses fréquentes conférences
avec les Cicérons français, l'admiration que causaient ses grands progrès dans la belle élocution,
progrès qui le mettaient en parallèle avec les plus

---

1. Le duc de La Force s'était fait remarquer parmi les agioteurs les plus enragés. Lors de la débâcle, il réalisa son papier
en marchandises.

En 1721, on saisit au couvent des Grands-Augustins des
épiceries ainsi que des porcelaines et paravents de la Chine, qui
y avaient été portés par un nommé Charles Orient, et qu'il vendait
en détail. Orient fut arrêté. Dans son interrogatoire, il déclara
que ces marchandises appartenaient au duc de La Force. Les
poursuites du lieutenant général de police cessèrent et le duc
fut cité devant le Parlement comme accusé de monopole.

Le Parlement rendit, le 12 juillet, un arrêt enjoignant à
« Henri-Jacques Nompar de Caumont, duc de La Force, de se
comporter à l'avenir d'une manière irréprochable et telle qu'il
convient à sa naissance et à sa dignité de pair de France ». Ses
complices furent condamnés à diverses peines.

fameux orateurs de l'antiquité. Comme spécialité, il plaidera les causes d'amour : escalades de couvents, commerce avec les religieuses et avec leurs pensionnaires, étourderies qui causent des ruptures entre mari et femme.

On fit faire des étendards, frapper des médailles, et ce fut à qui en posséderait. Selon les lettres patentes à ce rendues, les armes de la Calotte consistent en un écusson d'or au chef de sable chargé d'une lune d'argent et de deux croissants opposés de même métal. L'écusson est chargé en pal du sceptre de Momus, c'est-à-dire d'une marotte, semé de papillons sans nombre de diverses couleurs et couronné d'une calotte à oreillons : l'un retroussé, l'autre abaissé. Des sonnettes et des grelots ornent le fronton de la calotte, sonnettes et grelots indifféremment attachés afin de marquer la hiérarchie du régiment. Pour cimier, un rat passant surmonté d'une girouette, signe de solidité. Les armes ont comme supports deux cornes d'abondance en lambrequins d'où sortent les brouillards sur lesquels sont assignées les pensions du régiment, et deux singes, ce qui dénote l'innocence et la simplicité :

> Mais, quoique pareils en nature,
> Ils seront divers en vellure :

> L'un portera manteau, collet,
> L'autre la botte et le plumet,
> Image de gent occupée
> Tant à la robe qu'à l'épée.

Au haut de ces armes voltige une oriflamme avec la devise : *Favet Momus, Luna influit.*

La Bibliothèque nationale possède un exemplaire en bronze de la médaille du régiment [1]. Sur la face, Momus assis sur un trône porté par un nuage ; il tient de sa main droite une marotte. Comme exergue, le *Ridere regnare est.* Au bas, la signature, *J. C. Roettiers fecit.* Au revers sont les armoiries ci-dessus décrites avec la devise du corps : même sens sous une autre forme : *Luna duce, auspice Momo.*

Roettiers était graveur général des monnaies de France. Il fut, par lettres patentes de Momus, chargé des fonctions de graveur de la monnaie de la Calotte. En cette qualité, il reçut la mission de frapper une médaille

> Qui fasse nargue à l'antiquaille,
> Et dont la face et le revers,

---

1. Le musée de l'Hôtel des monnaies conserve les coins de cette médaille. Le module, *unique*, est de 0^m041.

La médaille de la Calotte a été publiée dans le *Trésor de numismatique*, Médailles françaises, 3ᵉ partie, pl. XL, nᵒ 8, pour la médaille elle-même, et p. 38 du texte, pour une notice descriptive.

Médaille du Régiment de la Calotte

> Ornés des symboles divers
> Que porte la gent calottière,
> Instruisent la race dernière
> Du mérite des calottiers,
> Autrement frères de la joie.

Les lettres patentes donnent ensuite la description des armoiries calottines à graver et veulent

> Que chaque frère
> Porte le susdit médaillon,
> Tant en or qu'argent, bronze ou plomb,
> Du côté de la boutonnière.

Dornel, organiste à l'église Sainte-Geneviève-des-Ardents, aujourd'hui disparue, composa la marche du régiment. Cette musique, jugée fort drôle à l'époque, eut beaucoup de succès; aujourd'hui elle semble fade et bien ordinaire. La musique gaie a fait, du reste, de grands progrès depuis une vingtaine d'années. Aussi, bien que la marche de la Calotte soit légère, dansante et vive, sur le piano elle dit peu. L'effet est amusant sur l'orgue par l'opposition de la gravité de l'instrument avec le pimpant de la musique.

Des poètes de bonne volonté se chargèrent de mettre en vers les brevets qu'on délivrait. Il y en eut de désignés : Gacon[1], par exemple. Il reçut un brevet de *fabricateur de lettres patentes*

> Pour lui faire rendre justice,
> De peur que son encens payé
> Ne parût être mendié,

et on lui imposa de se réserver pour les héros de la Calotte

> Sous peine de perdre ses rimes,
> Son encre, sa plume et son temps.

Gacon se rendit à cette injonction et composa de nombreux brevets assez spirituels.

Du reste, pour être admis dans le régiment, il fallait être homme d'esprit. Par principe d'égalité morale. L'égalité était la souveraine maîtresse : on exigeait, en effet, une notoriété de bizarrerie sans tenir compte de la noblesse, inégalité matérielle, ni des sollicitations. Le recrutement étant trop facile, les cadres débordèrent. Aussi ne fut-on plus admis que sur demande. Le récipiendaire adressait une requête en vers où il exposait sans fard ses propres défauts afin qu'un poste convenable à ses talents lui pût être assigné. Modèles du

---

1. L'abbé François Gacon (1667-1725), prieur de Baillon, poète satirique.

genre : la requête du duc de La Force, qui fait connaître ses opérations commerciales comme « épicier de renom » et ajoute :

> Plaise à votre corps débonnaire
> ..... M'enregistrer
> Pour son très humble apothicaire ;

puis le placet d'une Calottine au général pour être reçue dans le régiment :

> Sous l'étendard de l'Amour
> J'ai passé toute ma vie.
> Sa compagne, la Folie,
> Me fit briller à la Cour.
> Toutes deux vivant ensemble,
> J'eus l'art de les rassembler.
> Grand général, il me semble
> Que vous devez m'enrôler.

On peut encore citer la requête de Mme Doublet [1] :

> Vu que mon air édifiant,
> Mon penchant à la raillerie,

---

1. Le recueil manuscrit de Maurepas contient un brevet de *professeur de morale* en faveur de son mari, Doublet de Persan, intendant du commerce ; mais une note fait connaître que ce brevet a été fait en dehors du régiment, qu'il a été composé dans la famille Doublet pour s'amuser aux dépens de l'intendant.

Doublet de Breuilpont reçut, en survivance de son père, la place de *professeur* et de *secrétaire historiographe,* vu les talents qu'il avait, à dix-neuf ans, de ne rien dire, de ne rien faire,

Mon goût pour la gloutonnerie,
Mon horreur pour le sérieux,
Ma nonchalance pour les dieux,
Pour les grands et pour la fortune,
Ma dépendance de la lune,
Mon attachement à Momus
Et mon zèle ardent pour Comus
Pourroient vous être chose utile.

Outre Gacon, parmi les auteurs des brevets, on cite le ministre Maurepas ; Desfontaines, l'abbé de la *Henriade ;* le grave Camusat ; le poète Roy ; Jean - Baptiste Rousseau ; l'abbé de Grécourt, janséniste ou moliniste selon les idées religieuses de ses maîtresses, qui ne fit qu'un sermon, mais si rempli d'allusions satiriques sur les dames de Tours qu'on lui interdit la chaire ; enfin, l'abbé de Margon.

Guillaume Plantavit de La Pause, abbé de Margon (1686-1762), d'un caractère caustique, frondeur, tracassier, était de ces personnes dont on dit vulgairement qu'elles feraient battre des montagnes. Lors des querelles au sujet de la Constitution *Unigenitus,* Margon prit parti pour les jésuites ; mais des critiques que lui adressa le *Jour-*

-----

même de ne pas penser davantage que les lapins qu'il tuait dans les bois, vu les services de son père qui parle toujours de ce qu'il faut garder sous silence. On raille aussi sa timidité et sa gaucherie envers les femmes.

nal de Trévoux l'irritèrent. Il poursuivit alors de ses satires virulentes et parfois injurieuses ses alliés de la veille. Il devint un des principaux rimeurs de la Calotte, où il continua ses attaques mordantes contre les partisans de la bulle. On raconte qu'ayant reçu une gratification de trente mille livres, Margon imagina de la manger en un repas singulier. Il en fit la disposition Pétrone à la main et exécuta le plus ponctuellement possible le repas de Trimalcion. Toutes difficultés furent surmontées à force de dépenses. Le Régent alla surprendre les acteurs et avoua qu'il n'avait rien vu de si original.

Entre eux, les poètes de la Calotte ne se ménageaient pas. L'agrégation au régiment ne mettait point à l'abri des sarcasmes. Voltaire, qui brevetait, fut harcelé et assez méchamment [1]. Entre autres, on fit sur lui le *Char de triomphe*. C'est un récit. Un alguazil et trois mouchards, les mêmes qui l'avaient conduit à la Bastille, sortent de cette prison. Au char d'Apollon un soufflet (voiture légère) est substitué, ayant pour armoiries

---

1. Il est qualifié dans des lettres de « boug... d'asnerie » de « philosophe, peintre, géomètre, astronome, poète, historien, grammairien, théologien, mathématicien, musicien, physicien, académicien, payen, chrétien, luthérien, comédien, etc. ».

celles du fief appelé Voltaire, dont, en qualité de suzerain de ce fief sis au bout des terres australes, le régiment donne l'investiture à Arouet. Comme attelage, une chèvre bondissante et pelée et un lévrier.

On fait ensuite le portrait de Voltaire :

> Badauds, battez des mains ici.
> Place à Voltaire, le voici !
> Qui? dites-vous : cette momie?
> Il vit pourtant; l'économie,
> La soif de l'or le sèche ainsi,
> Et le corrosif de l'envie.
> Est-il assis? debout? couché?
> Non. Sur deux flageolets il flotte,
> Entouré d'une redingote
> Qu'à Londre il eut à bon marché.
> Son corps tout disloqué canote;
> Sa mâchoire avide grignote.
> Badauds, battez des mains ici.
> Place à Voltaire, le voici !

Puis on rappelle les soufflets à lui donnés par Poisson fils et Beauregard[1] et les coups de bâton dont le chevalier de Rohan le fit gratifier par ses laquais à l'hôtel de Sully,

> Place où Voltaire eut l'avantage
> D'être par Chabot anobli,

---

1. « Officier que Voltaire avoit maltraité de paroles à Versailles comme espion du Régent. Beauregard, trouvant Voltaire

> Selon l'accolade sauvage
> Par laquelle monsieur Jourdain
> Est reçu Turc et paladin.

Des bruits s'élèvent, des clameurs surgissent;

> C'est un monde de souscripteurs,
> De libraires et d'imprimeurs,
> Parlant de vols, de brigandages.

Enfin, pour délivrer le poète de cette horde braillarde,

> Notre alguazil, en homme habile,
> Cherchant au poète un asile,
> Le niche aux Petites-Maisons.

Camusat[1] décerna aussi à Voltaire un brevet pour l'agréger au régiment comme tenant

> ..... Boutique d'insolence,
> Grand magasin d'impertinence.

Voltaire accepta la plaisanterie ou feignit de l'accepter. Il breveta Camusat, « petit maître dans l'art d'écrire », se moquant agréablement de sa personne et de l'*Histoire des journaux imprimés*

---

dans une chaise sur le chemin de Versailles, le bourra. Voltaire fit sa plainte comme d'un assassinat, et Beauregard la paya mille écus. » (MAUREPAS.)

1. Denis-François Camusat (1695-1732), littérateur et historien.

en France. Quant à Roy, auteur du *Char de triomphe,* Voltaire s'en vengea en lui permettant

> D'établir une académie
> Pour enseigner publiquement
> Aux soldats de ce régiment
> Le mensonge et la calomnie.

Dans les considérants, ce pauvre Roy n'est pas ménagé :

> Sachant que dans l'art de médire
> Nul ne surpasse maître Roy ;
> Que personne ne met en doute
> Qu'à l'honneur, qu'à la bonne foi,
> Il a toujours fait banqueroute ;
> Que depuis sa tendre jeunesse
> Il a tour à tour du serpent
> Et le venin et la souplesse ;
> Qu'ennemi de la vérité,
> Il ne cède point en malice,
> En imposture, en artifice,
> Au laquais le plus effronté.
> D'ailleurs, ayant tout lieu de croire
> Que son zèle pour notre gloire
> L'a fait chasser du Châtelet [1]...

---

1. Roy avait dû donner sa démission de conseiller au Châtelet après le *Coche,* pièce satirique contre l'Académie française, qui le fit enfermer à la Bastille.

Pierre-Charles Roy (1683-1754), poète dramatique et satirique, a donné le ballet des *Éléments* et l'opéra de *Callirhoé,* qui obtinrent un grand succès.

Roy, qui malmenait si bien les autres, était quelque peu malmené aussi. C'était le *greffier* du régiment. Il remontra que son salaire ne devait pas consister en coups de bâton véritables qu'un calottin qu'il avait breveté, mais qui n'entendait pas raillerie, lui avait délivrés ; qu'il était fortement menacé de cadeau semblable par La Baune. En conséquence, Roy demandait que l'on mît son dos en sûreté. Faisant droit à cette requête, la Calotte défendit expressément à tout porteur de gaule de froisser les omoplates du poète, livrant, sans pitié ni miséricorde, les délinquants aux remords qui peuvent naître d'étriller un greffier que l'on croit digne de la potence. Quant aux coups déjà donnés, ils sont déclarés non reçus ; que les fidèles calottins les réputent pour tels. Si quelque personne à l'humeur trop bizarre ou brutale contrevenait à cet arrêt et assommait Roy, que l'on estime cet accident être récompensé par l'insigne honneur de se voir fêté dans les États de la Calotte et réputé martyr de la bonne cause.

Comme poète bâtonné, voici encore Voltaire,

> Moulu de coups et lardé d'hémistiches [1].

---

1. Le recueil manuscrit de Maurepas contient une pièce intitulée *les Bastonnades de Voltaire*, datée de février 1726.

C'est un dialogue entre Voltaire et son valet. Le poète dit

Momus, instruit de la prudence qui dirige les actions d'Arouet, de l'humble défiance que l'on a de ses talents et des bontés qu'il témoigne en toutes occasions pour les grands, voulant ainsi, en bravant leur vengeance même, réprimer l'insolence des seigneurs impertinents, le constitue *grand bâtonnier* du régiment, inspecteur et surintendant des coups de bâton dont on chargera les épaules des satiriques et des faquins. Le nombre de coups, leur mesure, seront réglés par ses avis seuls. On moulera le bâton sur ceux qui auront bientôt installé Voltaire dans le poste illustre qu'on lui confie. Comme insigne de sa dignité et en guise de marotte, il lui est décerné un bâton, bien gros, bien solide, en tout semblable à ceux qui, sur la place Royale, avaient épousseté son dos. Afin de laisser à la postérité une preuve authentique du courage du poète, ce dernier portera dans son écusson deux bâtons d'argent sur gueules, surmontés d'une bégueule[1] pour cimier. Comme supports, deux bras puissants et nerveux afin de soutenir la fortune voltairienne avec plus de pompe et d'éclat. On octroie enfin deux mille écus d'ap-

---

n'avoir été étrillé que deux fois. Le valet répond quatre fois et force son maître à reconnaître qu'en effet il a été fustigé à quatre reprises.

1. « La présidente de Bernières, grande amie de Voltaire. » (MAUREPAS.)

pointements sur la poussière qui s'élèvera autour
des gens qui sont bâtonnés.

Terminons ce chapitre par les Commandements, les *Institutiones calottinæ* et la *Jurisprudentia Calottinorum,* tels que les donne le recueil
Maurepas.

D'abord le *Décalogue* du régiment de la Calotte :

> Selon ta marotte vivras
> Et l'aimeras parfaitement ;
>
> De l'argent tu ne recevras,
> Ni autre chose pareillement ;
>
> De rien ne te chagrineras
> Afin que vives longuement ;
>
> Homme réglé point ne seras
> De fait ni de consentement ;
>
> De tout le monde railleras
> Sans t'épargner aucunement ;
>
> Aucuns secrets ne retiendras,
> Si ce n'est ceux du régiment ;
>
> Au sexe ne t'attacheras
> Que pour ton seul contentement ;
>
> Ta femme vivre laisseras,
> Ainsi que toi, joyeusement ;

Dans nul parti tu n'entreras
Que pour t'en moquer seulement ;

Aucun mortel tu ne loueras,
Si ce n'est ironiquement.

Ensuite l'*Hexalogue des Calottins :*

Le régiment honoreras
Et suivras son commandement ;

Les comédies ouïras
Et les farces pareillement ;

Une action d'éclat tu feras
A tout le moins une fois l'an ;

Tes créanciers tu payeras
D'un grand merci bien humblement ;

Sans souci t'abandonneras
A Providence entièrement ;

De toute infortune riras
Jusqu'à ton trépas mêmement.

Puis les *Institutiones calottinæ,* divisées en deux paragraphes, plus trois articles à l'usage des moines de la Calotte :

1. *Interest reipublicæ non solum cognoscere malos, verum etiam calottinos, ne simulata gravitate decipiantur populi.*

2. *Summum jus Calottinorum est lætari, de opere suo gaudere et de omni risibili ridere.*

N{a}. Addit glossa monastica, n{o} de monachis calottinis, tres sequentes articulos :

1{o} *Sinere mundum vadere quomodo vadit ;*
2{o} *Facere officium suum taliter qualiter ;*
3{o} *Bene loqui de domino priore.*

Enfin, la *Jurisprudentia Calottinorum* est contenue dans ce quatrain :

Castigare ridendo mores ; eos in trutina Momi
Ad proprium pondus reducere ; utile dulci
Miscere ; larvatos detegere, ut cadat persona,
Maneat res et sola veritas adoretur.

II

LA CALOTTE ET LE POUVOIR

Les grands s'associaient aux facéties du régiment. Afin d'être épargnés, dit-on. Quelques-uns le furent, assurément, ou les traits moqueurs dirigés contre eux n'ont pas été conservés. S'il s'agit d'un souverain, un mot habilement lancé suffit. Louis XIV demanda à Aimon s'il ne ferait jamais défiler son régiment devant lui. « Sire, répondit le général, il ne se trouveroit personne pour le voir passer. »

Il n'en fut pas de même des membres de la famille royale. A eux on s'attaqua, et les calottines les souffletèrent jusqu'au sang. Tel le prince de Conti[1] que, vu sa passion musicale, on nomma

1. Louis-Armand de Bourbon, quatrième prince de Conti. Lors de l'expulsion de Law, le Conseil de régence fut réuni

3.

chef des ménétriers, avec une loge d'Opéra pour domicile, faisant descendre le prince

> D'un rang où par distraction
> Destin le mit en rang d'oignon.

En effet, dit la calottine,

> Bossu, boiteux et contrefait,
> Un polichinel trait pour trait,
> Dont l'estomac est une poche
> Qui rend par hoquets le matin
> Le venin affreux que La Roche
> A mis la veille dans son sein.
> Son âme est basse et malfaisante ;
> Sa langue est noire et médisante ;
> Jaloux, soupçonneux, sans honneur ;
> Au moindre bruit mourant de peur ;
> Manquant cent fois à sa parole
> Pour raison d'une seule obole...

Enfin, Conti est de mœurs crapuleuses, ivrogne, fourbe, menteur, tracassier.

Cette pièce est de 1726. L'année précédente, le

---

pour statuer sur la situation pécuniaire dans laquelle le royaume se trouvait. Le duc de Bourbon commença par déclarer que, pour pouvoir opiner librement sur la Compagnie des Indes, il remettrait le lendemain quinze cents actions dont le roi disposerait. Le prince de Conti joua au désintéressé et dit ne point avoir d'actions à remettre. Il omit d'ajouter qu'il avait enlevé de la banque, pour du papier, quatre fourgons chargés d'argent, ce qui avait été le signal du discrédit. (DuCLOS, *Mémoires secrets.*)

duc de Bourbon, le tout-puissant ministre, avait reçu son brevet.

Les critiques plus que pimentées sur les hommes au pouvoir ne sont pas une création du XIXᵉ siècle. Avant son invention, pas plus qu'aujourd'hui, on ne respectait le mur auquel M. de Guilloutet doit sa célébrité. Le brevet délivré au duc de Bourbon est si violent, si passionné, qu'il mériterait, n'était son étendue, d'être cité en entier, à titre de curiosité pour l'histoire des oppositions. Il rappelle le jugement du Parlement qui déclare légitime le prince Henri II de Condé, bien que né trop longtemps après la mort de son père ; reconnaît en conséquence

> Louis-Henri, duc de Bourbon,
> Tant seulement prince de nom ;

le charge du *ministère de l'empire de la chimère* ; lui permet

> De soutenir par ses prouesses,
> Qu'enfantent ses hautes bassesses,
> Le rang qu'il ne doit qu'à Thémis ;

critique sévèrement le renvoi de l'Infante, la ruine financière, les opérations d'agiotage et les amours du duc, et ajoute :

> En prince de condition
> Son unique occupation
> Sera celle de ne rien faire,

> N'expédiant aucune affaire   .
> Étrangère à sa passion,
> Qu'il aura soin de satisfaire.

On ne s'en tint pas là. Il y eut ensuite, et c'est la marquise de Prie qui reçoit sa part des coups, un dialogue : « Arnolphe et Agnès, parodie tirée de l'*École des femmes* » ; des « Maximes » ; « les deux Ministres » ; enfin, « la noble, gracieuse et de tous points miraculeuse histoire et légende de moult noble, vertueuse et non jamais assez louée dame Marie de Leczinska, fille du roi Stanislas de Pologne, translatée de polonois en gaulois ».

Cette histoire comprend les sommaires de vingt-trois chapitres destinés à former le récit des causes qui amenèrent le choix de Marie Leczinska comme reine de France, ainsi que de la conduite que tinrent ensuite le duc de Bourbon et la marquise de Prie. L'historiette débute à la mort de « Philippin d'Aurélie, tuteur du petit roi des Gaules ». « Dom Bornobio » devient maire du Palais, et gouverne avec sa maîtresse « Nannette Acapiendo, moult vilaine et sale bête ». Ils s'attribuent tous profits des dignités et emplois et répandent le mépris sur les personnages qui en étaient revêtus, pendant que « petits et grands en faisoient gorge chaude et brocardoient tout publiquement ».

Le « pauvre petit Louison », on ne l'occupait qu'à la chasse pendant que Bornobio enfantait ce monstre nommé Cinquantième, dont le baptême fut troublé par l'arrivée de la Vérité ; « si que le petit Louison et dom Bornobio furent publiquement honnis et vilipendez ». Jaloux de son pouvoir, Bornobio, afin de le conserver, chercha, sur l'avis de Nannette Acapiendo, « une reine qui n'osât tant seulement regarder ledit Bornobio entre les deux yeux, dont il fît du tout à son plaisir, et ne fût qu'à service de monture la nuit au petit Louison ».

Le choix se porta sur la princesse Marie, croyant « lui bailler le gouvernement des Gaules comme le roi son père avoit celui de Pologne ». Le mariage se fait ; la reine est amenée à la Cour par gens tirés de la « ménagerie de Bornobio », et on l'avertit charitablement de ne songer qu'à son plaisir. A tout instant, il lui est rappelé que Bornobio et Nannette l'avaient créée, lui baillant vessie pour lanternes. La reine reste muette, et l'histoire se moque de ces gens d'entendement qui croyaient à la nullité d'esprit de la fille de Stanislas.

Malgré les espions qui entouraient Marie Leczinska, l'ange Gabriel put lui apparaître et s'écria :

« Dieu te parle, obéis ; chasse d'auprès de toi

> Ces monstres déguisés qui te cachent sa loi,
> Ce ministre féroce, avare, sanguinaire ;
>   Sauve ton État et ton roi,
>   Et Dieu recevra ta prière.

Dans « Arnolphe et Agnès », Arnolphe, c'est Mme de Prie. Elle se donne comme l'ange tutélaire de la reine ; elle rappelle la triste condition où l'on avait été la chercher « pour la placer sur le trône des lys », et menace de faire rompre le mariage si la reine veut s'occuper des affaires de l'État. Même pensée encore dans les « Maximes » : Marie Leczinska doit se garder de mécontenter la de Prie ; elle laissera plutôt périr la France que de souffrir le bannissement du duc de Bourbon.

Bien que l'autorité souveraine ne fût pas attaquée par elle, la Calotte avait cependant élevé la voix, notamment lors du lit de justice pour l'enregistrement de la bulle *Unigenitus* :

> Fait le jour même où dans les transes
> De tous les ordres de l'État,
> Louis de son premier Sénat
> A rejeté les remontrances ;
> Où, trop abusé de ses droits,
> Par surprise et sourd sans mesures,
> Avec des intentions pures,
> Il renversa toutes les lois.

Une critique du même genre, plus générale, se retrouve dans un brevet pour l'Académie des

Inscriptions. Houdard de La Motte avait obtenu
que défense fût faite aux comédiens italiens de
jouer la *Critique de Romulus* tant que l'on re-
présenterait sa tragédie du même nom. Y faisant
allusion, le brevet dit que le corps académique

> Ferme la bouche à la critique
> Et se met, à l'instar des rois,
> Au-dessus de toutes les lois[1].

La critique du pouvoir, ce qu'aujourd'hui l'on
nomme opposition, se donnait libre carrière
aussi sur les actes. En effet, ce ne sont pas seulement les personnes que l'on satirise, — leur caractère personnel pouvait y prêter, — mais aussi les
actes de l'autorité, les décisions souveraines. Les
choix du gouvernement sont blâmés en donnant
mêmes charges dans le régiment de la Calotte,
au moment de l'investiture royale ou après la
disgrâce.

Law, qui, « par un sage maniement, a rendu
les affaires du roi si claires », est nommé *contrôleur général des finances*. Il lui est abandonné,
pour ses honoraires et taxations, le quart des angles

---

1. La pièce la plus étonnante sur ce sujet est le deuxième
dialogue du Parnasse (*Vid. infra, La Calotte et l'Académie*)
entre Minerve et l'Ignorance. Celle-ci prétend qu'elle arrête la
licence des hommes contre Dieu, qu'elle fait régner les rois et
maintient leur pouvoir.

droits que les commissaires couperont au papier
visé. En homme habile, Law en avait tant grossi
la quantité, trouvait-on, que si l'on rassemblait
tous les billets la France serait à l'ombre, et que,
collés, ils feraient une tente gigantesque.

Le brevet loue ironiquement le jeu de la
banque,

> Jeu non renouvelé des Grecs
> Comme le fade jeu de l'oie;

critique l'agio effréné qui en résulta, et offre à
Law une légère ébauche de sa droiture, droiture
telle que le grand calculateur du Système, l'abbé
Terrasson, ne pourrait en mesurer le fond.

A Law on donne pour premier commis ce
pauvre duc de La Force. Ami et complice de
Law, il avait de grands intérêts dans la banque.
Il réalisa une énorme quantité de billets en épiceries, porcelaines et autres marchandises et fut
poursuivi pour monopole. La Force s'était fait
« épicier de renom », dit la Calotte. Par le brevet
de Law il reçoit satisfaction, et Rossignol d'Anneville [1], *plénipotentiaire du régiment,* est invité
pour La Force à

> Lettres de maîtrise impétrer
> Et dispense d'apprentissage.

---

1. Accompagna d'Iberville à Gênes et fut nommé en 1718 pour

Anneville avait mérité son brevet de plénipo-tentiaire par sa suffisance. Le régiment l'envoie à Constantinople solliciter les bons offices du sultan, afin que, par son entremise, Genève se réconcilie avec le Vatican, et que la paix se consomme entre Jansénius et les Jésuites.

A côté de d'Anneville et chargé de la même mission, marche Néricault Destouches[1],

> Qui fit son cours de politique
> Dans les rôles de gouverneur,
> De confident, d'ambassadeur,
> Qu'il jouoit à la comédie ;

il est également *plénipotentiaire de la Calotte*.

Le duc de Bourbon avait montré, lors du système de Law, une cupidité intrépide, et l'on baptisa par dérision la tourbe des agioteurs de la place Vendôme, *le camp de Condé*. Les Mémoires pour servir à l'histoire de la Calotte le composent ainsi :

M. le Duc (Bourbon), *généralissime ;* le maré-

être envoyé à la cour de Madrid. Cette désignation, ainsi que ses anciennes fonctions à Gênes, donnaient à Rossignol une haute idée de sa valeur ; il se considérait bénévolement comme le plus habile et le plus grand diplomate de France.

1. Philippe Néricault Destouches (1680-1754), d'abord acteur, puis attaché à l'ambassade de Suisse, secrétaire de Dubois qu'il accompagna en Angleterre, auteur dramatique applaudi, membre de l'Académie française en 1723 en remplacement de Campistron.

chal d'Estrées, *général*; le duc de Guiche, *commandant le corps de réserve et les troupes auxiliaires*; les ducs de Chaulnes et de Mézières, *lieutenants généraux*; le prince de Pons, *maréchal des logis*; Caum...., *major général*; le chevalier de Ville..., *aide de camp*; le duc d'Antin, *intendant*; le duc de La Force, *trésorier*; Lassay [1], *grand prévôt*; le prince de Léon, *greffier*; La Faye, *bourreau*; Fargez, *commissaire des vivres*; Le Blanc, *fermier*; Coetlogon, *aumônier*; l'abbé Tencin, à la tête des Récollets; Law, *médecin empirique*; d'Argenson, *chirurgien-major*; le duc de Louvigny, le chevalier de Gramont, *fraters*; vivandières, blanchisseuses et filles de joie; Loma..., Veru..., Chaum..., Scidr... et Giez, maraudeurs et pipeurs; directeurs de la banque; tireurs d'estaffes, officiers du régiment des gardes.

Avec Law, avec le duc de La Force, avec les brevets d'Anneville et de Destouches, les critiques contre le Système ne sont pas épuisées. Francine, ancien directeur de l'Opéra, obtient un sauf-conduit, puis un décret de concession d'une colonie de la Calotte.

Le sauf-conduit trace le portrait du personnage,

---

1. Armand Madaillan de Lesparre, marquis de Lassay, amant de la duchesse veuve de Louis III de Bourbon et mère du premier ministre.

« banqueroutier honoraire ». C'est un prodigue; il vivait sans songer au lendemain, dans la sage pensée d'éviter des procès entre ses héritiers; galant stellionataire, vulgairement escroc, il sut vendre quatre fois l'Opéra et le conserver quatre fois. De par le sauf-conduit, Francine méritant protection, défense d'exécuter sur lui sentence, de l'appréhender au corps, d'autant plus que s'il était lui vingtième, il pourrait faire fuir un ou deux recors, si grande était sa vaillance ! Que pour les trafics les moins licites il ait toutes franchises; que même les poètes qui rimeraient sur lui perdent leurs dettes.

La concession de colonie est octroyée pour les pays qu'arrose le Chiméroïs, fleuve immense. La nouvelle Compagnie fera des plantations d'ellébore, à charge d'en fournir gratis aux quarante beaux esprits. Elle devra envoyer mille perroquets à l'usage de la Cour, pour apprendre à la jeunesse à dire bonjour seulement. A l'envoi on joindra des singes octogénaires chargés de remplacer l'acteur Baron, pour former aux gestes et au ton les jeunes acteurs. La colonie se gouverne elle-même; elle pourra nommer des vice-rois, construire des forteresses, timbrer du papier qu'elle fera passer pour de l'or; fonder un nouveau Quincampoix. Bien entendu, Francine a l'autorisation d'emmener avec lui des « sœurs de l'ordre de Vénus ». Il fera construire de nombreux temples dont, à titre de commanderie, il touchera les revenus, et son fils après lui en faveur de la croix qu'il portait [1].

L'*amiral* et le *conducteur des colons* est Mathurin de La Baune, expectatif ambassadeur,

> Savant au milieu des ignares,
> Libéral entre les avares,
> Intrépide avec les poltrons.

Comme *confesseur de l'escadre*, l'abbé de Margon.

Houtteville [2], le parangon des nouveaux maîtres en purisme, catéchisera les matelots. Tous ces emplois sont donnés sans crainte que la finance en soit un jour remboursée en rentes.

D'Argenson, garde des sceaux de France, l'est également de Momus ; à Landivisiau [3], directeur

---

1. La croix de l'ordre hospitalier de Saint-Lazare de Jérusalem.

Francine père était maître d'hôtel du roi et gendre de Lully.

2. Alexandre-Claude-François Houtteville (1686-1742), oratorien ; secrétaire de Dubois, abbé de Saint-Vincent de Bourg et membre de l'Académie française (1723), dont il fut secrétaire perpétuel.

3. Danican de Landivisiau, fils de Lespine Danican, fameux armateur de Saint-Malo. Maître des requêtes, membre de plusieurs conseils, inspecteur général de la banque et de la compagnie des Indes. La direction de l'Opéra lui fut enlevée en 1721 pour la donner à Francine.

général de l'Opéra, le brevet d'*inspecteur de la musique et de la danse du régiment*. Le roi avait anobli Samuel Bernard; les régents de la Calotte ne manquèrent pas de lui délivrer aussi des lettres de noblesse, voulant que

> De cuistre et manant qu'il étoit
> Il soit réputé bien et net
> Honnête et brave gentilhomme.

Les régents, en effet, savent du célèbre Samuel et reconnaissent

> Qu'il a tout l'esprit et l'adresse
> Que possèdent les courtisans
> Pour tromper et duper les gens;...
> Qu'il a règle sûre et parfaite
> Pour ne payer aucune dette;
> Qu'âgé de quatre-vingt-deux ans,
> A l'imitation de nos grands,
> Il a maîtresse entretenue
> Pour être par d'autres revue.

C'était Mlle Sallé, danseuse de l'Opéra, qui fut aussi la maîtresse de Gentil-Bernard. Mlle Sallé partageait ses faveurs entre Samuel Bernard et le marquis de Nesle,

> Qu'il est le salut de la France
> Comme le sieur Jean Law le fut.

Une pièce politique par excellence est la *suspension du sieur de Torsac, généralissime, par les états généraux du régiment*, rédigée au mois de juin 1721 par Aimon. C'est à la fois un tableau de l'époque et une critique du pouvoir, assaisonnée d'aspirations libérales et de velléités de libre pensée.

On rappelle l'antiquité du régiment, qui date de la création du monde. Aussi peut-il se glorifier de compter parmi les siens « les inventeurs de plusieurs religions imaginées humainement, et de leurs lois cérémonielles, de leurs mystères, de leurs pieux artifices, si nécessaires à la propagation des préjugés ». Toujours la justice a présidé aux actes des régents de la Calotte; jamais naissance ni sollicitations ne les ont séduits. Le mérite et la vertu ne sont-ils pas préférables à la plus illustre origine ?

Que voyait-on cependant ? Torsac fait naître des dissensions entre les chefs du régiment. Il décide de lui-même, sans en référer au conseil, « ce qui est formellement opposé aux lois fondamentales de notre régiment, et par conséquent capable de renverser tout l'ordre hiérarchique de cet état ». Allusion au procès du duc de La Force retiré au Parlement pour le confier au conseil. De la division entre le généralissime, le général et

le lieutenant-colonel naîtraient le désordre, l'in-
discipline, peut-être la guerre intestine. Comme
conséquences : pillages, épuisement des revenus, banque fermée, commerce souffrant, crédit
perdu.

Ensuite Aimon s'étonne de trouver, au milieu
de l'abondance, une cherté excessive et générale.
Il rappelle que « la liberté est le plus bel attribut
que Dieu ait donné aux hommes,... cette liberté
si chère, que la plupart des hommes ont perdue
par leur faute ». Jamais la joie et les plaisirs n'ont
été troublés. N'a-t-on pas bâti un temple à
l'Amour ? Bacchus a quitté l'île de Naxos avec
l'élite de ses compagnons : Pan, Silène, les Cory-
bantes, les Bacchantes, les Sylvains ; autrement dit,
le Régent, ses roués et ses maîtresses.

Le régiment s'était défait des personnages qui
cherchaient à assouvir leur avarice par des voies
ambitieuses et avaient essayé d'établir une domi-
nation servile (le système de Law). On les avait
honteusement dégradés en pleins états, ceux qui,
comme les princes de Vendôme et de Pons, les
ducs de La Force et de Chaulnes, le maréchal
d'Estrées, avaient dérogé à la dignité de leurs
ancêtres. Au lieu de tenir strictement à l'observation des ordonnances réparatrices, Torsac les mé-
prise ; comme le Régent, voyant La Force com-

promis, il imposa silence et sauva le maréchal d'Estrées.

Voici maintenant le *brevet en métamorphose* du cardinal Dubois. Neptune personnifie le duc d'Orléans; Dubois est un poisson complaisant, à dos chatoyant. En procurant toujours nouveau plaisir, le poisson se fit chérir du souverain de l'onde. Il finit par occuper le premier rang, et Neptune

> ..... Bientôt du soin de ses plaisirs
> Le fit passer à celui des affaires,

si bien qu'il réglait à son gré les relations extérieures. Des malveillants prétendent même que le poisson travaillait pour lui plus que pour l'honneur de son souverain. Aussi les grosses baleines estimèrent que le favori de Neptune méritait récompense. Mais richesses, honneurs, il possédait tout au delà, et le fit voir. A la demande d'une parure de couleur éclatante, Neptune s'opposa d'abord. Cependant, l'idée d'une métamorphose séduisit le dieu, et, comme seul il n'y pouvait réussir, il s'adressa à Jupiter Capitolin, que la condescendance ou la crainte firent consentir.

L'avénement de Le Pelletier des Forts au contrôle général des finances (juin 1726) fut salué par des cris d'espoir. Les frères Pâris venaient d'être exilés, et le souvenir était encore vivant de l'oncle de des Forts, Claude Le Pelletier, qui, effrayé des embarras financiers que suscitaient les guerres de Louis XIV, préféra résigner en 1689 ses fonctions de contrôleur général. Le père du nouveau contrôleur général, Michel Le Pelletier de Souzy, venait de s'éteindre; il avait joué un grand rôle dans l'administration des finances et s'était montré intègre, habile et politique. L'espoir ne tarda pas à se changer en regrets. Le Pelletier des Forts[1] réduisit les rentes viagères sous prétexte que la plupart avaient été constituées en papier, même d'anciennes rentes. Cette mesure inique souleva de violentes récriminations. La constitution de rentes viagères avait été la ressource de presque tous les pères de famille; afin de posséder au moins un revenu pour subsister, ils avaient distribué des fonds sur la tête de leurs enfants. En même temps que l'édit sur les rentes, un arrêt fut rendu portant réduction des charges employées dans les états du roi.

A Le Pelletier des Forts, brevet de *maître des*

---

1. Michel-Robert Le Pelletier des Forts, comte de Saint-Fargeau (1675-1740), intendant des finances (1701), contrôleur général (1726-1730), membre de l'Académie des sciences (1727), ministre d'État (1729). Le Pelletier des Forts perdit sa place de contrôleur général à la suite d'un agiotage criminel.

hautes œuvres. Cette fonction est nécessaire pour ramener dans le sentier de la probité l'homme pervers qui s'en éloigne. Des Forts a inventé un nouveau genre de trépas sans corde ni glaive : seulement quelques mots enregistrés au Parlement, et à coup sûr on meurt de faim. Comme prix de son habileté, il est créé d'une façon irrévocable *bourreau du régiment*. Seul, à l'avenir, il exercera le talent de tuer d'une mort lente et sûre quiconque, téméraire, aura trop de confiance aux promesses du gouvernement.

D'Argouges de Fleury[1] demandait toujours qu'on lui remît des placets. Pétri d'orgueil et de petitesse, il ne rejetait que le bon droit, dit le brevet qu'on lui délivra. Doux et patelin à la Cour, rogue et fier au parc civil : mélange d'insolence et de flatterie. La Calotte lui prescrit de ne faire que des saluts de protection, et défend aux plaideurs de montrer leur impatience. Ne sont-ils pas faits pour attendre? Quant aux placets, qu'ils soient remis avec triple révérence et burinés sur parchemin, afin de conserver les monuments hiéroglyphiques d'une lieutenance aussi glorieuse.

---

1. Hiérôme d'Argouges, chevalier, seigneur de Fleury, conseiller du roi en ses conseils, maître des requêtes de son hôtel, lieutenant civil de la ville, prévôté et vicomté de Paris de 1710 à 1763. Il avait acheté cette charge 5oo,ooo livres.

Ainsi, la postérité pourra dire en un langage à la mode :

> D'Argouges, en fait d'héritage,
> Homme habilement successif,
> S'est fait honorer dans un âge
> Où l'on étoit fort processif.
> Il est des hochets pour le sage :
> Le placet fut son optatif.
> Un prévôt de noble lignage,
> Le traitant de juge chétif,
> Le fit cent fois bouquer de rage,
> Dont il passa là-bas l'esquif,
> Ne payant son droit de naulage
> Que de son tic salutatif.

Autre personnage de robe : Hérault [1], lieutenant général de police. La place venait d'être retirée à Ravot d'Ombreval [2]. On cherchait un cerveau plus étroit, un gibier plus propre à la satire. Il est trouvé, s'écrièrent en chœur les calottins ; c'est Hérault. Il a déjà fait ses preuves et désopilé la rate. Vite, qu'on l'installe, et de beaux jours sui-

---

1. René Hérault, seigneur de Fontaine l'Abbé (1691-1740). Successivement procureur général du Grand Conseil, maître des requêtes et intendant de Tours, lieutenant général de police, conseiller d'État et intendant de Paris.

C'est le grand-père d'Hérault de Séchelles.

2. Nicolas-Jean-Baptiste Ravot d'Ombreval, avocat général à la Cour des aides, puis maître des requêtes, lieutenant général de police en 1724 ; enfin, intendant de Tours en place de Hérault qui lui succéda à la lieutenance générale de police.

vront pour le rire. N'arrose-t-il pas la ville pendant la sécheresse pour convertir la fine poussière en boue glissante ? Ne poursuit-il pas à Paris, comme il fit à Tours, le pauvre sexe pour lequel il a une louable aversion ? Que cet aliboron librement promène ses bévues ; sur les dépositions vraies ou fausses de ses suppôts, qu'il emprisonne ; qu'il poursuive les plaisanteries sur la bulle *Unigenitus*. Surtout que les coups de bâton s'écartent de son échine ; Hérault est un calottin du grand sceau.

Avant Hérault, Ravot d'Ombreval, son prédécesseur, avait été commis à la police de la Calotte en qualité d'*argousil de galère*, lors de sa révocation de lieutenant général de police en 1725. Il était l'un des auteurs de l'enchérissement du blé [1] qui suscita des émeutes au mois de juillet 1725, affaire dont il partagea les bénéfices (plus de neuf millions) avec sa cousine la marquise de Prie, le duc de Bourbon et quelques autres.

Une affaire qui excita des colères et raviva les haines contre la Société de Jésus, fut l'acquit-

---

1. « Les blés des hôpitaux et d'autres endroits publics ont été enlevés et vendus la moitié plus qu'ils n'avaient été achetés. Les officiers de police, au lieu de les faire diminuer dans les marchés, les faisaient augmenter. Il a été défendu dans les lieux voisins d'en faire venir à Paris pour entretenir cette disette et cette cherté affreuses. » (MARAIS, *Mémoires.*)

tement (10 octobre 1731) du P. Girard[1], dont
les relations avec la belle Cadière ne sont pas
exemptes de soupçon. Ce procès scandaleux devait
naturellement attirer sur le Parlement d'Aix les
satires calottines. Au régiment il fallait un Parlement capricieux, qui agît de travers et jugeât
contre l'usage et la raison. En conséquence, on
choisit le Parlement d'Aix comme *premier Sénat
de la Calotte*.

Celle-ci se disait suffisamment instruite de sa
trébuchante probité, grâce à laquelle un monstre,
dont on avait trop parlé, devient une innocente
brebis. Le Parlement aura à suivre les lois de la
complaisance pure. Il est chargé d'opprimer l'innocence qui parle avec simplicité. Quant à ses
épices, qu'il les retire de la Compagnie, qui sait
acheter l'injustice et couronner l'impie.

L'arrêt du Parlement d'Aix fut réformé par la
Calotte, du reste. Mettre le P. Girard hors de
cour, c'était lui jouer un vilain trait. Cela laissait soupçonner la vertu du père; on n'ignorait
pas qu'un jésuite n'était point un « animal impec-
cable ». La voix publique prétendait que le vice
au lieu de la vertu avait été trouvé sous le manteau
ignatien ; il fallait la réprimer. Girard voulait

---

1. Jean-Baptiste Girard (1680-1733), jésuite.

créer un ordre de jésuitesses [1]. S'il était dans la chambre de la Cadière, c'était dans le seul but de l'instruire des fins du nouvel établissement, qu'il désirait placer sous la direction de la belle Toulonnaise. Faut-il qu'au sexe masculin le jésuite soit à jamais fixé, quand il est permis aux Cordeliers de desservir les Cordelières; lorsque les Bernardines ont été fondées pour les moines de Clairvaux, et que l'abbaye de Fontevrault comprend religieux et religieuses?

Peu à peu la satire s'était ainsi donné des libertés. Elles parurent dangereuses au gouvernement. En outre, la Calotte était devenue trop publique; le nombre augmentait des réimpressions de brevets, et ceux-ci s'adressaient aux personnes les plus considérables du royaume. On jugea qu'il était sage de réformer le régiment. Pour y arriver, on procéda à des recherches; des saisies furent opérées; même les auteurs de brevets se virent emprisonnés.

---

1. Ordre fondé en 1534 par deux Anglaises et établi en Brabant. Les jésuitesses faisaient vœu de chasteté, de pauvreté et d'obéissance, mais ne gardaient pas la clôture et prêchaient dans les églises. Le pape Urbain VIII abolit l'ordre en 1631.

III

LA CALOTTE ET LE CLERGÉ

Vis-a-vis du clergé, les officiers de la Calotte étaient persifleurs ou cinglaient du fouet. A une époque aussi troublée par les querelles religieuses, la Calotte ne pouvait rester indifférente aux préoccupations du jour. Elle prit fait et cause, et traduisit son existence par de nombreux brevets satiriques dirigés contre les moines et les jésuites, « hussards du docteur Molina ».

On s'en prend à leurs théories comme à leurs mœurs. Celles-ci sont flagellées et données comme infâmes. Voir un jésuite faire un poupon serait le monde renversé, prétend la Calotte. Au reste, c'était l'opinion générale au siècle dernier; les chansonniers se sont souvent égayés aux dépens des goûts pervers que l'on prêtait couramment aux membres de la compagnie de Jésus.

Le P. Sabatier, jésuite, est nommé *évêque de Sodome et pays circonvoisins*. Que les habitants de ce diocèse suivent la morale pure de ce ferme appui du parti moliniste : le péché contre nature ne doit pas les empêcher d'aimer désormais les attraits du sexe. Toujours ils auront à imiter les rares talents que rassemble Sabatier, qui, tout en dirigeant les âmes, sait se rendre maître des corps.

Le brevet raconte que le père jésuite était le confesseur d'une jeune et belle femme, épouse d'un chirurgien nommé Navarre, et qu'il en fit sa maîtresse. Navarre prit la chose au tragique, — symptôme de folie, diront quelques-uns; — il en perdit la raison, enfin la vie. Sabatier se moquait agréablement de la jalousie du pauvre sire, et sa veuve supporta sa douleur sans impatience, grâce aux consolations du bon père, prétend-on.

Sur les mœurs, cette indication suffira, je pense. Aussi bien le sujet est assez scabreux pour jeter un voile pudique. Passant à un autre ordre d'idées, signalons le brevet décerné au P. de Colonia[1] pour admettre

Le susdit jésuite rhéteur

---

1. Dominique de Colonia (1660-1741), littérateur, érudit. *Histoire littéraire de Lyon; Antiquités de la ville de Lyon.*

Dans la qualité d'inscripteur
Pour feu de joie et pour bannière,
Trophée ou toute autre manière
Concernant notre régiment,

avec recommandation expresse de n'employer que le superlatif, dont il savait faire un si excellent usage. C'était en récompense d'une inscription burlesque faite par le P. de Colonia et destinée à rappeler l'acte par lequel Louis XIV avait défendu la compagnie de Jésus contre le Parlement. Le P. de Colonia reçoit une pension de mille écus sur tous les brouillards, à l'exception de ceux des monts Transalpins, comme étant contraires aux pratiques gallicanes et réservés aux prélats qui aspiraient à la pourpre cardinale. A la place de sa tonsure devront être gravées les armoiries de la Calotte.

Au célèbre P. Daniel, le brevet d'*historiographe du régiment*. Ce brevet loue la prudence de l'historien prouvant gravement les étranges ébats des derniers Valois avec leurs pages, applaudit

D'avoir osé traiter tout net
D'usurpateur Hugues Capet [1]

---

1. Ce fut sur le désir de Louis XIV que le P. Daniel appuya dans son *Histoire de France* sur les grands établissements des bâtards de race royale, dit Duclos. « Sitôt que l'ouvrage parut,

Et de bâtard, qui, plein d'audace
Se faisant roi, rompit le cours
De la noble et royale race,

et se termine par cette double pointe :

Très honorable fonction
Dont ledit sieur L... s'acquitte
Avec autant d'intégrité
Que son auteur, en bon jésuite,
Nous fait voir de sincérité.

Les abbés pareillement ne sont pas ménagés. Ratier,

Tranchant du jeune mousquetaire

et cédant à sa fureur, poursuit un marchand de vin l'épée à la main. Vite, il est bombardé *aumô-nier du régiment*, et on lui décerne une calotte fort pesante,

Convenable à si léger chef
... de crainte que par méchef
Un si fin cerveau ne s'évente.

Parmi les prêtres on trouve encore l'abbé Ter-

---

le roi en parla avec éloge, en recommanda la lecture ; il fallait le lire ou l'avoir lu. » C'était à l'époque où l'on n'omettait rien pour préparer le public à l'élévation des légitimés.

Le P. Daniel reçut, en récompense de sa condescendante érudition, le brevet d'historiographe de France et une pension.

rasson[1] qui reçoit la charge de *grand arpenteur et calculateur des espaces imaginaires*, d'autant qu'il a déjà fourni des preuves « que son esprit n'était point borné »; qu'il tient bon dans la nouvelle colonie établie au Mississipi. Il avait osé publier des opuscules en faveur du système de Law[2] et vendu ses actions alors qu'il conseillait à ses meilleurs amis de les garder. A l'abbé de Tencin, on délivre lettre d'*apôtre et de convertisseur en chef* pour avoir converti Law au catholicisme; plus le brevet de *primat de la Louisiane*, afin de donner du poids à ses sermons. Quoique Tencin méprisât les biens de ce monde et même frondât contre eux, on lui délégua, pour soutenir sa dignité, et en conséquence du Système, la dîme sur les brouillards de la Louisiane, et il ne fut pas permis de le chansonner. Après le concile d'Embrun, le brevet fut publié à nouveau, avec des additions; celles-ci nient une récusation pour simonie qu'aurait faite Soanen, laquelle est déclarée nulle et illusoire.

---

1. Jean Terrasson (1670-1750), professeur de philosophie grecque et latine au Collège de France, membre de l'Académie des sciences (1721) et de l'Académie française (1732).

2. *Mémoire pour justifier la Compagnie des Indes contre la censure des casuistes qui la condamnent ; Trois lettres sur le nouveau système de finances.*

L'abbé de Coissi devient *grand inspecteur des cafés*, avec

> Deux mille écus de pension
> A prendre sur les balivernes
> Qu'on dit aux cafés et tavernes,

l'avertissant charitablement

> D'être un peu plus court quand il narre.

Jusqu'ici l'on s'attaque aux personnes. C'était plus ou moins mérité. Dans la pièce suivante, la pointe est dirigée contre le haut clergé en général. On s'en prend à la pourpre cardinale; la suprême dignité ecclésiastique est ridiculisée, dignité

> Qui rend le cuistre[1] égal aux rois.

Le brevet dont il est ici question permet aux calottins de prendre la pourpre et confirme aux cardinaux les honneurs et prérogatives de la Calotte; car, dit Momus :

> ... Lors de l'établissement
> De cette dignité romaine,
> On obtint mon consentement.
> Rome, cette cour si hautaine,

---

1. Sobriquet que l'on donnait couramment au cardinal Dubois.

> N'auroit jamais, sans mon secours,
> Assujetti l'Europe entière
> A révérer une chimère.

Circonstance atténuante, ce fut la barrette remise à Dubois qui amena cette diatribe. On fit aussi sur le précepteur du Régent un brevet en métamorphose, où l'on disait qu'un maq...... devenait rouget avec cette réserve :

> Il est, dit-on, rouget en apparence,
> Mais dans le fond toujours vrai maq......

Ces attaques sont violentes ; cependant il est essentiel de remarquer qu'elles ne visent pas la religion elle-même, mais les ministres de la religion, les prélats qui la perdaient par la corruption de leurs mœurs. « Souvent même on a vu les pierres les plus brillantes du sanctuaire s'avilir et se traîner indignement dans la boue », disait Massillon.

Quelque verte qu'elle fût, le haut clergé méritait l'apostrophe suivante[1], qui jouait sur le surnom de « la Constitution » donné à une actrice de l'Opéra :

> Vous que la Constitution
> (L'on entend celle de l'Église)

---

1. Arrêt de Momus au sujet de la danse des filles de l'Opéra *in puris naturalibus.*

> Met tous les jours en faction,
> Prélats, parlez avec franchise.
> Au milieu de tant d'objets nus,
> Quoique le cas paroisse étrange,
> Si vous étiez intervenus,
> N'auriez-vous pas bien pris le change ?

Étant chez le duc de Roquelaure, Rousseau de La Parisière[1] reçut d'une dame de Languedoc une... seringue minuscule. Les chansons du temps disent l'usage auquel elle était destinée, et la cure à opérer était notoire ; c'était un scandale public. Pour éviter ses créanciers, l'évêque se sauvait par la fenêtre. Si la Calotte relevait les faits de ce genre, on doit avouer qu'elle avait quelque peu raison.

Et cependant La Parisière, député du clergé à l'Assemblée de 1730, fut chargé de faire au roi la harangue de clôture. Il osa se plaindre vivement que des avocats eussent, pour revendiquer les droits du Parlement en matière d'appel comme d'abus, signé un mémoire en faveur de curés d'Orléans interdits. En cette occasion, l'évêque fut aussi faible comme inspiration que comme langage. Il cherchait ses phrases aux pieds du roi sans pouvoir les y trouver. Aussi la Calotte lui décerna-

---

1. Jean-César Rousseau de La Parisière, docteur en théologie, sacré évêque de Nîmes le 8 février 1711. Décédé le 15 novembre 1736.

t-elle le brevet de *harangueur du régiment*, et condamna-t-elle les discours sages et mesurés, d'un tour naturel, trop remplis de raisons. Elle ordonne le rétablissement de l'hyperbole et de l'amphibologie ; que dans le discours ampoulé règne une obscure métaphysique ; qu'on y rencontre des mots à l'aventure, des périodes si démesurées qu'elles suffoquent l'auditeur. Quant au harangueur lui-même, une des Filles de Mémoire est chargée de le souffler. Outre l'emploi de harangueur, La Parisière reçoit le *patriarcat des Bulgares*. Le brevet rappelle le cadeau gracieux de la dame de Languedoc et fait le portrait physique et moral de l'évêque, qui se respectait assez peu pour traiter de faussaire son métropolitain [1]. Comme physique : mine si traîtresse qu'on la rencontrerait avec terreur au coin d'un bois ; moral : ministre de contrebande, qui pendra toujours l'honneur au croc. Ce mot amène la rime et le vers par lesquels le brevet se termine :

> Qui dit tel prélat dit escroc.

Dans un mandement de Momus défendant d'aller au tombeau du diacre Pâris, — mandement

---

1. René-François de Beauvau du Rivau, archevêque de Narbonne, un de ces prélats tolérants qui refusaient de prendre parti dans les querelles religieuses de l'époque.

rendu par critique de celui de Mgr de Vintimille, — au milieu de nombreux *si* qui changeraient la face du monde, ce à quoi Momus s'oppose[1], il est dit :

> Si les ministres de l'Église,
> Les prélats, alloient croire en Dieu !

Ne raconte-t-on pas quelque part que Louis XV, à son coucher, se trouva un jour entouré de prélats ? Afin de les honorer, il chargea un cardinal, l'un d'entre eux, de dire la prière. A la stupéfaction naturelle du roi et de son entourage, le prince de l'Église se tira à grand'peine du *Pater*, s'embrouilla dans l'*Ave*, et confondit le *Credo* avec le *Confiteor !*

Mgr de Vintimille était connu par sa gourmandise. « J'aime le bon vin, et je ne suis pas dévot », disait-il lui-même. C'est le *grand maître d'hôtel de la Calotte ;* car les régents demandaient pour le régiment

> Non des âmes illuminées,
> Mais des faces enluminées.

---

1. Une chose cependant est permise : que le duc de Bourbon recouvre l'œil perdu à la chasse ; mais que cet œil ne soit plus à demi ouvert à la lumière ; qu'il observe ses ennemis ; qu'il seconde le Parlement dans sa juste opposition. S'il se peut même, que le duc de Bourbon ne revienne du tombeau du diacre qu'avec l'âme du grand Condé.

Vintimille pouvait même tenir un concile à table, décider du salut éternel le verre en main, avaler à longs traits l'erreur et sabler jusqu'à la légende. En raison des goûts pantagruéliques de l'archevêque, est déclaré preuve d'imbécillité et excès de vertu stérile l'effort d'une âme assez vulgaire pour rejeter les superfluités et s'en tenir à l'indispensable. Aussi, à Vintimille, le chapeau au lieu des vertus cardinales.

C'est dans le même ordre d'idées que pour son Histoire de Marie Alacoque Languet[1] est nommé *historiographe des rêves et visions de la Calotte.* Ici, ce n'est plus de la plaisanterie, c'est un cri de révolte contre ceux qui dépréciaient le catholicisme, contre le livre qui fera la joie

> Des pages et des écoliers,
> Et des clercs et jusqu'aux servantes.

Momus veut savoir pourquoi chacun se moque du nouvel ouvrage et le traite d'œuvre baroque et peu digne de respect. Il en ordonne

---

1. Jean-Joseph Languet de Villeneuve de Gergy (1677-1753), aumônier de la duchesse de Bourgogne (1702), abbé de Saint-Sulpice (1710), évêque de Soissons (1715), membre de l'Académie française (1721), archevêque de Sens (1730). Languet est le seul académicien dont l'éloge n'ait pas été prononcé par son successeur, qui fut Buffon.

la lecture devant ses disciples assemblés. Ces derniers de rire ; mais Momus les arrête, déclare le livre des plus parfaits et proclame l'auteur historiographe des rêves et visions. Un tel livre est unique en son genre. Est-il rien de mieux trouvé, qui soit à la fois plus simple et plus profondément érudit que cet échange de cœur que Jésus, dans sa bonté infinie, opère avec une immonde créature, qui, par humilité, accepte le cœur divin ? Qui eût auparavant osé déclarer qu'on pouvait faire son salut sans aimer Dieu ; que pour cela ne le haïr point suffisait ? Il est, en outre, à adopter certaines expressions tendres, style de courtisane, qui servent à agrémenter le récit des entretiens extatiques et les ravissements de l'âme de Marie Alacoque. Grâce à Languet, malgré l'envie, l'Académie applaudira la Calotte ; elle l'insérera dans son savant Dictionnaire. Grâce aux calottins, le livre de Languet se vendra, quoi qu'en disent ces méchants critiques qui le prétendent indécent.

L'écu des armoiries de l'évêque de Soissons sera parsemé de papillons. En guise de cimier, une chimère, l'air rampant et le ventre sur la terre pour mieux s'approcher d'un dauphin [1]. Comme

---

1. Languet travaillait alors (1730) à devenir précepteur du jeune Dauphin.

supports, deux coqs de l'Inde déplumés et vêtus d'une peau de renard.

Le recueil Maurepas contient un autre brevet en prose, qui diffère comme fond du brevet rimé et est fort spirituel. C'est sur l'ordre de la Calotte que l'Académie a reçu Languet. Admis à présenter ses preuves calottines, celui-ci, par l'Histoire de Marie-Marguerite Alacoque, les a données avec un succès qui dépasse toute espérance. Attendu le ridicule merveilleux des faits, la bienséance vraiment calottine des récits, l'absurdité charmante des raisonnements et autres talents du goût du régiment répandus dans cet ouvrage ; après l'avoir joyeusement feuilleté, et, par conséquent, plus que suffisamment examiné, le conseil de Momus, sans hésiter, le déclare chef-d'œuvre historique du génie calottin. Languet est créé grand historiographe ; il est établi, en outre, commissaire général, examinateur et vérificateur de toutes les extases fantastiques, visions cornues, vapeurs menstruales, contes de Peau-d'Ane et de la Mère l'Oie, pour ensuite en former un recueil à l'usage du régiment. Il lui est permis de dresser ou de faire dresser des visions ou extases, procès-verbaux les plus superficiels et les plus équivoques, auxquels on ajoutera foi comme à ceux de Marie Alacoque.

Au lieu de la médaille, Languet reçoit une

coque symbolique. Sur sa triple calotte de plomb flotte une sorte d'étendard portant en lettres d'or : « Alacoque », afin de rappeler aux calottins qui seraient enclins à manquer de mémoire, l'origine de la dignité conférée au prélat. Commandons aux imprimeurs, dit encore le brevet, de travailler à de nouvelles éditions de Marie Alacoque, pour lesdits nouveaux exemplaires se voir répandus dans toutes les parties du monde par les sifflets de nos coureurs ordinaires et colporteurs. Si l'altération du bon goût faisait baisser la vente de l'ouvrage, les imprimeurs auront droit à leur admission aux Incurables du régiment [1].

On se servit encore de la mort (1732) de la présidente Fillon, la célèbre « appareilleuse », pour ridiculiser Languet et sa Marie Alacoque. Sans que ce soit expressément énoncé, l'intention en est visible de faire faire l'éloge de la défunte par le nouvel archevêque de Sens. La contexture de cet éloge en fournirait encore une preuve, en même temps qu'elle constitue une critique des éloges académiques.

---

1. Ce brevet fut mis en vers. Comme seules modifications apportées : Languet est créé historiographe, *plastographe* et *rupographe* (*plastos*, mensonge ; *rupos*, malpropreté); avec le pavillon qui surmonte sa calotte la gloire du prélat tournera au gré du vent ; il est mandé aux sifflets en charge de précéder en tous lieux le panégyriste de Marie Alacoque.

Momus, apprenant le décès de la présidente,
convoque le sénat du régiment. Accourent Broglie,
Tessé, Harlay de Céli, Languet et nombre d'autres
gens notables. Chacun ayant pris place, avant de
voter sur le choix de la remplaçante au bataillon
des vivandières, on prononça l'éloge funèbre de
la dame. Languet monta dans une chaire dressée
à cet effet. « Ce fut là qu'étalant toute son éloquence, ce grand prélat, comme un autre apôtre
des Gaules, persécuté des grands et des petits,
harangua l'assemblée, et qu'après s'être étendu
sur l'injustice des hommes qui tournoient en
ridicule les vérités les plus saintes, il exagéra le
mérite de la défunte en termes divins et nouveaux, et qu'après avoir raconté jusqu'aux moin-
dres circonstances de la vie de la présidente, depuis sa tendre jeunesse jusqu'au moment fatal où
un ulcère à la matrice lui avoit fait chercher dans la
retraite cette tranquillité d'esprit que les devoirs de
sa profession lui avoient ôtée jusqu'alors, il parla
avec éloge du talent supérieur qu'elle avoit pour
instruire l'un et l'autre sexe; de son habileté pour
les négociations qui regardoient son état; du désintéressement avec lequel elle servoit ses amis,
jusqu'à leur prêter de l'argent lorsqu'ils étoient
obligés d'abandonner Cythère pour aller cueillir
des lauriers aux champs de Mars; du crédit qu'elle

avoit sur l'esprit des ministres; de l'utilité de ses maximes; de l'adresse avec laquelle elle découvroit la conspiration formée contre le prince alors régent; de l'usage qu'en faisoit ce grand prince, tant pour le bien de l'État que pour assurer ses plaisirs; enfin, des regrets que l'on devoit avoir d'une si grande perte, et de la difficulté de remplacer une personne d'un mérite si généralement reconnu. *Dixi*, s'écrie alors le saint prélat d'une voix forte qui fut entendue de toute l'assemblée. »

Ces facéties amènent à des contestations philosophiques. La plaisanterie sur le clergé est dans le sang français. Encore une invention dont l'idée ne nous revient pas! C'est une habitude. Au moins autant que de nos jours, la soutane était la tête de Turc des plaisants. C'était le bouc émissaire qui recevait les coups. Il est vrai qu'elle y prêtait le flanc. On lui reprochait d'entraîner la discorde par les discussions religieuses inutiles, de former deux camps : les partisans de la Constitution *Unigenitus* et ses adversaires.

Naturellement les calottines portent la marque de l'état des esprits. Elles se ressentent forcément de l'irritation que causaient les luttes religieuses au sujet de la Constitution. Comme des cardinaux, Momus ordonne des prélats acceptánts

> Que pour le prix des témoignages
> Qu'à la bulle ils ont tous rendus
> En notre corps ils soient reçus.

Dans le public courut ce quatrain, que Marais attribue à Rousseau :

> Rome, je connois bien qu'il faut te dire adieu,
> Si de vivre en chrétien l'on veut avoir la gloire ;
> Une bulle déjà me défend d'aimer Dieu,
> Une autre pourroit bien me défendre d'y croire.

Toujours le clergé ou ses actes; jamais la religion.

Pour trouver l'origine ou la cause de cette habitude de rire aux dépens de la soutane, il faudrait remonter bien loin. Ne lit-on pas dans *Li Jeu de Robin et de Marion* d'Adam de La Halle :

Warnier. — Méhalès, mon amie, est accouchée, et elle a été trompée; car on dit que c'est notre prêtre qui est le père.

Rogaut. — Au nom de Dieu ! Warnier, ce peut bien être ; car elle y allait trop souvent.

Warnier. — Hélas! j'étais convenu de l'épouser promptement.

Guiot. — Peut-être t'affliges-tu trop, beau, très doux ami. Ne t'inquiète pas; car tu ne dépenseras pas une maille à garder l'enfant, je le sais bien [1].

Voilà ce qu'on disait au xiiie siècle. Ces considérations seraient le thème d'un travail étendu ; aussi ne m'y arrêterai-je pas.

Les incessantes attaques contre la compagnie de Jésus, contre les partisans de l'*Unigenitus*, l'ont assurément démontré : les rimeurs de la Calotte étaient jansénistes. C'est ainsi que l'on compte des abbés parmi les plus enragés. C'est Desfontaines, c'est surtout Margon, ardent défenseur de l'Église gallicane. Ils ne pardonnent pas les changements d'opinion à ce sujet, — pourtant Margon,... — et traitent assez durement Guéret [2], qui passait pour avoir décidé le cardinal

---

1. WARNIERS. —   Mehalés est agute,
M'amie, et s'a esté dechute ;
Car on dist que ch'est de no prestre.

ROGAUS. —   En nom Dieu ! Warnier, bien puet estre,
Car ele i aloit trop souvent.

WARNIERS. — Hé, las ! jou avoie en couvent
De li temprement espouser.

GUIOS. —   Tu te puès bien trop dolouser,
Biaus très dous amis ; ne te caille,
Car ja ne meteras maaille,
Que bien sai, à l'enfant warder.

2. Louis-Gabriel Guéret (1678-1758), curé de Brie-Comte-Robert, puis de Saint-Paul. C'est lui qui assista à leurs derniers moments le comte de Horn et Damiens.

de Noailles à accepter la Constitution. Guéret devient *aumônier des enfants perdus*, avec droit d'aubaine sur les fables de l'ultramontanisme. Qu'il soit marqué de deux lettres : A (apostat) et P (pélagien). Enfin, on lui donne un passe-partout pour entrer sous le manteau d'un hypocrite, entre chien et loup, chez les jésuites [1].

A l'occasion de l'acceptation de la bulle par le cardinal de Noailles, un *Te Deum* fut chanté, le 20 novembre 1728, dans l'église des Jésuites, rue Saint-Antoine. Momus est charmé de voir corriger un désordre dont le sexe était peu satisfait : maintes pensionnaires du monastère d'Opéra avaient entonné des antiennes chez les révérends pères ; ces comédiennes s'étaient attiré leurs regards. De l'avis de Noailles, « prélat plein de fermeté [2] », permis aux jésuites de faire des concerts pour divertir la populace ; à eux licence de gager les sœurs calottines, les opératrices, pour

---

1. « Placard affiché à la porte de M. Guéret, curé de Saint-Paul : « Cinq louis d'or à gagner pour celui qui aura trouvé « l'esprit de M. le curé de Saint-Paul, qui l'a perdu hier au soir. » (MAUREPAS.)

2. En 1728, le cardinal de Noailles, alors fort âgé, qui s'était refusé à reconnaître la bulle *Unigenitus*, l'acceptait un jour, se rétractait le lendemain, et le surlendemain acceptait à nouveau, selon qu'il subissait l'influence de l'une ou l'autre de ses nièces : la duchesse de La Vallière, janséniste ; la maréchale de Gramont, constitutionnaire.

psalmodier dans leurs chœurs ainsi que pour célébrer leurs saturnales.

Ce sont les abbés de la Calotte qui brevettent *confesseur* l'abbé Mosnier prétendant que

> Le respect pour l'Unigénite
> Doit lui tenir lieu de mérite ;

mais comme ils répudient toute exagération, en même temps ils déclarent le diacre Pâris *patron du régiment* pour ses cures merveilleuses, attendu que ce sont

> Faits d'ailleurs prouvés sans réplique
> Par les badauds et leurs docteurs [1].

Milon [2]

> Diseur de riens, piqueur de table
> Et louangeur impitoyable,
> Qui ne peut voir d'événement
> Sans lâcher quelque mandement,...

est chargé d'écrire les mandements de la Calotte. Ceux-ci devront être

> Tournés en complimens

---

1. Allusion à la *Vérité des miracles opérés par l'intervention du diacre Pâris,* du malheureux conseiller Montgeron.

2. Alexandre Milon, docteur en théologie de l'Université de Paris, évêque et comte de Valence, prince de Soyons, sacré le 31 mars 1726, mort en 1771.

Écrits d'un style romanesque,
Où, par un usage grotesque,
L'Écriture, mise en lambeaux,
Ornera ses jolis tableaux.

On place *économe du régiment* M_{gr} de Laubrière[1],

Pourtant donneur, non de repas,
Mais d'eau bénite et de prières,
Drogues qui ne lui sont pas chères
Et dont aussi chiche il n'est pas...
Au grand économat susdit
Nous joignons la surintendance
Des châteaux et lieux de plaisance
Par nous en Espagne bâtis
Et de nos rats de tous pays.

Ceci est facétieux; avec les pièces qui vont suivre c'est la lutte ardente contre les molinistes. Et quel début! Mânes des Gaulois, intercédez pour moi; aidez-moi à m'exprimer sans appuyer. Par lettres patentes, les causes entre les sujets de la Calotte furent attribuées au Parlement de Paris (1726). Deux partis se disputent et veulent s'arracher les yeux pour quelques dissenti-

---

1. Charles-François Le Fèvre de Laubrière succéda à Languet sur le siège épiscopal de Soissons au mois de juillet 1731. Décédé le 25 décembre 1738.

ments frivoles dont voici le début. Revenant de Sainte-Marine, le pape Clément se soulagea copieusement. A ce moment passèrent un jésuite et un janséniste. « Quelle odeur ! dit le premier. Quel parfum ! Benjoin, ambre, musc, cassolette ne répandent si suave senteur ! O vapeur délectable ! approchez, sentez. » Son compagnon arrive, s'avance, mais de suite se retire criant contre le plaisant de mauvais goût qui trouve délectable l'odeur la plus nauséabonde. « Tout beau, dit le jésuite ; c'est l'ouvrage du Saint-Père, et, sortant de sa personne sacrée, il est infaillible que la senteur doit être suave. — Cela ne peut être ; l'odeur est commune. — Ah ! vous ne voulez pas l'admettre. Qu'on emprisonne, qu'on exile ce fin odorat. » Ainsi, pour une sotte querelle, on bannit les jeux et les ris.

Ensuite le concile d'Embrun, comédie aujourd'hui universellement condamnée. Comme dans un État tout périt sans la chronique, que sans elle Romains et Grecs n'auraient que des noms incertains, les régents de la Calotte craignirent qu'il ne restât que de minimes vestiges des badineries ; que le temps « glouton » ne consignât les affaires calottines aux espaces imaginaires, et qu'ainsi des faits tant vantés cesseraient un jour de vivre dans les mémoires. Pour en conserver le souvenir, il faut

que le moindre événement ait son histoire ou sa
relation. Lamotte est l'homme nécessaire pour un
semblable office. C'est un artiste fameux en anec-
doctes, sans égal au monde dans la prose ainsi
que dans les vers ; sur toute affaire, sa docte main
peut offrir, à l'instant et à volonté, du beau, du
grand, du simple ou du rampant. Excellent moliniste, sa plume toujours brille pour la gloire
éternelle. Ce sera le *chroniqueur* et l'ornement
du corps. Il établira le système de l'infaillibilité
calottine sur des fondements aussi solides que
pourrait l'être de la crème.

De plus, dans le combat d'Embrun, les généraux trouvèrent tous en lui de fortes armes. Elles
causèrent grand bruit, et grâce à leur aide, bien
que secouru, l'évêque de Senez fut défait. De
cette victoire La Motte seul peut revendiquer
l'honneur. Longtemps même avant de camper,
on ne pouvait douter du succès ; le plan topogra-
phique de la bataille, préparé par la main de ce
travailleur sans égal, avait été vu par les siens
chez la sœur du général [1]. Or donc, les régents
l'instituèrent *factotum du régiment*. Pour fruit
de tant de services, La Motte aura la moitié des

---

1. « La Motte a lu chez Mme de Tencin, deux mois avant,
tout ce qui devoit être fait et prononcé au concile. » (MAUREPAS.)

7

dépens infligés aux contrevenants des lois calottines. En récompense de ses fables si propres à
former l'esprit, qu'il fasse sur les animaux vas-
saux de la Calotte des prosopopées terminées par
un sel moral. Seul il a permission d'en vendre
aux maîtres de pension.

En 1730, le cardinal de Fleury veut frapper
un grand coup; il fait déclarer la Constitution loi
de l'État. Le général de la Calotte répliqua par
un édit mordant portant condamnation du jansénisme (mars 1730)[1]. Que tous les jansénistes
obéissent aux molinistes. Selon les vœux de ceux-
ci, le clergé devra être souple et rampant sous
eux, sans que le Souverain Pontife même soit
excepté. Sapons le parti de saint Augustin. Comment! il fait un cas de conscience de tuer un
homme que l'on surprend en train de voler un
fruit? C'est peut-être au plus un simple excès de
rigueur contre un coupable. Pour les jésuites, le
Ciel répand un fumet que, par le secours de saint
Ignace, ils sentent de loin et en tous lieux. Ils en-
verront les âmes au paradis. Par l'arc-en-ciel,
la porte ou la fenêtre? Qu'importe! Lorsqu'on y

---

1. Le brevet est daté de 1727. « On assure qu'il est de
mai 1730 », dit une note du recueil Maurepas. Cette date est,
en effet, la date exacte. Les événements que le brevet satirise
sont de l'époque, et il fait allusion à une anecdote racontée par
les *Nouvelles ecclésiastiques* du 20 novembre 1729.

est, on y reste. Pour tous les pécheurs la compagnie de Jésus a de bons appâts. Toujours l'absolution suit le *Confiteor;* par une pénitence légère le plus gros péché s'efface. Se confesser est un véritable plaisir ; un *Pater* et un *Ave,* et tout est dit.

Au contraire, le janséniste rend ses pénitents malheureux. Il ne prêche qu'abstinence, mœurs bonnes et chastes, tempérance, austérité, piété, humilité. Il recommande de n'aimer que la justice, d'avoir de l'horreur pour le péché, d'être fidèle aux amis, de pardonner aux ennemis, de souffrir patiemment, de mettre sa confiance en Dieu seul, auquel on doit toujours avoir recours, qui doit être l'unique appui. Morale d'une cervelle de linotte !

La vertu d'autrefois n'est plus la vertu de nos jours. Notre doctrine se fonde uniquement sur l'intérêt. Pour mettre fin aux abus, le général déclare la sainte Écriture mauvais livre et défend d'y jeter les yeux. On ne devra se distraire qu'avec les ouvrages des jésuites ou les œuvres de Molière, ainsi que les couplets de Rousseau[1]. Que le système d'aimer Dieu soit repoussé ! En-

---

1. Les comédies de Molière et de Racine et les œuvres de Rousseau, signées du préfet des jésuites de Montpellier, avaient été données aux écoliers en pareil cas. (*Nouvelles ecclésiastiques,* 20 novembre 1729.)

suite l'édit satirise le concile d'Embrun que présida Tencin « aussi vertueux que sa sœur ». Il flagelle avec raison Tencin. La Calotte, par dérision, le lave de l'infamie dont sa simonie et l'agiotage l'avaient couvert. Mme de Tencin est affranchie de la perte de son honneur et du meurtre de La Fresnaye. Défense de contrôler leur vie et leurs mœurs.

Du 3 avril 1730, jour où se tint le lit de justice pour l'enregistrement de la Constitution, est datée la « Calotte pour le cardinal de Fleury, où on lui propose des essais de dogmes en prose et de catéchisme en vers à l'usage du régiment de la Calotte, à l'effet qu'en qualité de *surintendant de la théologie du régiment,* il se conforme à ces dogmes et à ce catéchisme pour l'instruction des calottins ». Cette pièce, l'une des plus importantes, sinon la plus importante au point de vue de la critique politique et de la satire religieuse, mérite qu'on s'y arrête. Elle porte également comme titre : *Lettres patentes de surintendant de la théologie du régiment de la Calotte en faveur du cardinal de Fleury.*

Dans le temps où le procès de la mort allait être fait et parfait dans le conseil d'État du régiment, où les régents eux-mêmes travaillaient à l'incomparable élixir de contre-mort, ils furent

obligés de quitter le laboratoire pour s'opposer à
d'autres désordres plus épouvantables que la mort
elle-même. « Une fourmilière d'atrabilaires des
deux sexes, dit le préambule, s'entêtoient des
dogmes de l'antiquité. Pour couper court à cet
abus, nous avons expressément défendu de parler
de religion, même d'y penser. Nous avons pris
toutes les mesures pour que rien ne s'imprime qui
ne soit de notre goût [1]. Nos papeteries sont presque épuisées, tant elles ont fourni de papier à nos
lettres de cachet [2]. Pour en faire redouter plus
l'effet, nous avons donné pleins pouvoirs à nos
secrétaires d'État, au lieutenant général de notre
bonne ville de Constitutionople et à divers évêques
d'une rare suffisance, d'en décerner arbitrairement
et de les mettre à exécution de leur seule autorité,
même à notre insu ; nous avons fait emprisonner
un nombre infini de personnes et des familles
entières ; nous avons employé la peine infamante

---

1. Allusion à la consultation des avocats de Paris en faveur
de Soanen, consultation qui fut rendue publique malgré les
efforts d'Hérault pour en empêcher l'impression. La Cour
promit, dit-on, au lieutenant général de police une pension
de 6,000 livres, s'il parvenait à empêcher la distribution de
cette consultation.

2. Le nombre des lettres de cachet lancées à l'occasion de la
bulle *Unigenitus* est effrayant. Les évêques venaient humblement les solliciter à la Cour. Ils obtenaient celles qu'ils demandaient, même ils en recevaient en blanc.

7.

du carcan [1] pour faire des exemples publics. Enfin, nous nous flattons d'avoir anéanti ou du moins bien abasourdi la pernicieuse cabale qui... auroit infecté tout notre empire de l'immense fatras des dogmes pitoyables et des écrits chimériques de ces anciens fanatiques qu'autrefois les nigauds appeloient apôtres ou pères de l'Eglise. Nos parlements ont voulu résister, mais nous les avons contraints à enregistrer. »

Afin de mettre la dernière main à cette entreprise, l'application infatigable des régents de la Calotte à maintenir le bon ordre leur a fait concevoir le dessein de pourvoir à l'instruction de la jeunesse calottine. Mais il était à craindre que les jeunes gens ne retinssent de dangereuses maximes; car ces théologiens ignorants, que la Calotte a proscrits, auraient sans doute la témérité de leur inspirer du respect pour les visions cornues de l'antiquité et du mépris pour les nouveautés adoptées. Aussi, en premier lieu, est créée une charge de surintendant de la théologie pour conserver les dogmes dans toute leur pureté. — En deuxième lieu, voulant écarter tous obstacles à l'exercice

---

1. Baudrier, condamné, le 2 mars 1730, à être mis au carcan en place de Grève, comme ayant colporté des écrits contre la Constitution. Il avait déclaré savoir le contenu de ses ballots et avoir agi dans l'intérêt de la vérité.

de cette charge, suppression du très abusif usage des conciles œcuméniques (jusques alors ils avaient eu l'extravagance de s'approprier le prétendu privilège exclusif de décider des matières de foi). Toutefois, on se réserve de tenir des conciles provinciaux, nationaux au plus. — Troisièmement, c'est par édits, déclarations et arrêts du conseil d'État que seront réglées et décidées toutes matières ecclésiastiques de foi, de hiérarchie et de discipline ; etc.

Une seule difficulté avait jusque-là retardé l'effet de telles intentions. On cherchait un théologien assez habile pour mériter cette surintendance. Heureusement l'embarras a cessé par la découverte des talents rares et de la théologie profonde du cardinal Fleury. Vu le zèle et l'érudition avec lesquels ce savant homme a entrepris la défense de la respectable constitution *Unigenitus,* « sans aucun égard à certaines contrariétés qui, à la vérité, empêchent de comprendre comment et pourquoi cette bulle a pu anathématiser au point de qualifier impies, hérétiques, blasphématoires, des propositions sur l'amour de Dieu, la liberté de l'homme, la concupiscence, l'occasion prochaine et autres pareilles matières, sur lesquelles néanmoins lesdites propositions sont précisément conformes à ce que précédemment tous les sou-

verains de Rome ont pensé et décidé sur lesdites
matières. Il ne faut pas douter que ce sublime
théologien n'ait eu de grandes raisons de politique
pour entreprendre ce grand ouvrage, d'autant
mieux fondé que lesdits souverains depuis leur
monarchie, mais surtout depuis leur infaillibilité,
sont bien plus éclairés que ne l'étoient leurs prédécesseurs, qui, en pauvres benêts, négligeoient
et méprisoient même le temporel, tant le spirituel
leur échauffoit la cervelle. »

« A ces causes et autres à ce nous mouvant »,
par l'article 1er est créée la charge perpétuelle et
irrévocable de surintendant de la théologie en
faveur de Fleury. L'article 2 décide que pour
donner plus de lustre et d'éclat à sa nouvelle
dignité, le cardinal portera sur sa barrette un bonnet carré vert à trois cornes, sur lequel une calotte
tiendra lieu de houppe. La face antérieure du
bonnet sera décorée d'une médaille de plomb de
trois pouces de diamètre, représentant « un groupe
bien correct de deux ignatiens accouplés en
joueurs de pet en gueule, leur bonnet carré en tête
et leur robe retroussée avec ces mots : *Molina et
Escobar prenant leur récréation* ».

Place Maubert, un palais sera construit (art. 3).
Le frontispice en sera orné du même groupe que
la médaille, ayant dix pieds de haut. Au-dessus,

sur une plaque de cristal de trente pouces de long
sur vingt de large, l'inscription en lettres bleues :
Surintendance de la Théologie. Au rez-de-
chaussée, Fleury aura son appartement, afin que,
sans sortir de chez lui, il lui soit loisible de caté-
chiser, même de dogmatiser les harengères de la
place et les passants.

En vertu de l'article 4, les conciles œcuméniques
sont supprimés. Cour et juridiction sur toutes
matières de foi sont remises aux seuls souverains
de Rome, comme étant infaillibles en leurs décisions. Toutefois, est réservée la faculté de tenir
des conciles provinciaux pour punir les crimes de
lèse-calotte.

Fleury pourra à son gré, de par l'article 5, scel-
ler du sceau du régiment, imprimer, publier et
débiter des édits, déclarations et arrêts du Conseil
pour régler, décider et ordonner ce qu'il avisera
touchant toutes sortes de matières ecclésiastiques,
édits, déclarations et arrêts, exécutoires comme
s'ils étaient réellement signés des régents.

En conséquence des admirables décisions des
casuistes ignatiens ci-après cités, dit l'article 6, il
est enjoint d'ajouter foi aux dogmes calottins qui
vont être proposés. Ce seront les modèles de tous
ceux dont la Calotte ordonne au cardinal de composer sa somme théologique. « Voulons que dans

tous les lieux, pays et terres de notre obéissance, lesdits dogmes soient reçus avec respect et soumission, sans discussion, contestation ni opposition quelconque, à peine d'être à perpétuité esclave des absurdités évangéliques, apostoliques, hiérarchiques et autres que l'antiquité a eu la sottise d'adopter et d'enseigner, quoique diamétralement opposées aux dogmes calottins. »

ESSAIS DE DOGMES CALOTTINS.

1. C'est un bienfait de Dieu et un effet de sa miséricorde de ne le pas connaître, parce qu'en ce cas on ne le peut offenser, puisqu'il est impossible d'offenser un inconnu (*Molina, Célestin Sfondrate*).

2. On n'est point obligé d'aimer Dieu une fois en sa vie par aucun précepte qui se termine à cet amour (*Pirot, Tamburinus, Pinchereau*).

3. Pour être quitte du commandement d'aimer Dieu, il suffit de ne le point haïr (*Cabrespine*).

4. Lorsque Jésus-Christ a versé son sang, il a eu en vue de nous délivrer de la peine de l'aimer (*Sirmond*) [1].

---

1. « *Nota.* — La constitution *Unigenitus* a anathématisé tous les dogmes de l'antiquité sur l'amour de Dieu en condamnant les 47e, 49e, 51e et 57e propositions des Cent-une. »

5. C'est un acte de religion de prier Dieu avec des distractions volontaires, puisque d'honorer de faux dieux, quoique avec de pareilles distractions, c'est un vrai acte d'idolâtrie. La parité est incontestable (*Lorithion*).

6. Une mauvaise intention jointe à un extérieur modeste et au dessein d'entendre la messe n'empêchera pas de satisfaire au précepte de l'entendre, comme par exemple d'y faire voir sa beauté, ses riches habits, ses bijoux, de s'y divertir à regarder impudiquement une fille, d'y concerter des intrigues amoureuses (*Layman, Pascaligo, Filiutius, Lacroix, Busembaum, Gobat*).

7... 8. On peut manger tout son saoul sans aucune nécessité (*Escobar, Sanchez*).

9. Ce n'est que la complaisance qu'on a pour les dames qui peut porter à la rigueur de condamner de péché mortel ceux qui s'en gorgent jusqu'à vomir... Toutes les choses qui sont indécentes à notre égard ne font pas soulever le cœur à Dieu (*Pirot*).

10. On peut sans péché prendre des yeux et des mains des libertés sur son corps et sur ceux des autres (*Filiutius, Sanchez*).

11. On peut désirer... de telle personne que ce puisse être en sous-entendant la condition : si on l'avait pour femme, étant garçon ou marié ; ou si

on l'avait pour mari, étant fille ou mariée (*les mêmes*).

12. Une religieuse peut souhaiter très licitement de faire une œuvre charnelle avec tel homme que ce puisse être, pourvu qu'elle n'y prétende qu'au cas qu'il fût son mari (*les mêmes*).

Les paragraphes 13, 14, 15 et 16 sont sur le même sujet scabreux. La parure des femmes, voire des religieuses, leur nudité aussi, est autorisée, même si elles savent qu'elle exciterait des désirs lubriques (*Lestiau, Emmanuel Sa, Mascharhenar*).

17. Le sacrement de pénitence justifie avec la seule crainte des peines, sans aucun sentiment d'amour de Dieu (*Escobar, Henriquez, Filiutius*).

18... 19. Il suffit, pour recevoir le sacrement de pénitence, d'être fâché d'avoir offensé Dieu par la crainte de quelque mal temporel, comme dérangement d'affaires, maladies, peste, famine, guerre, grêle, incendie, inondation, etc. (*les cardinaux de Bissy et de Vintimille et les évêques Languet, de Belsunce et de Beaumont*) [1].

20... 21. Un domestique qui n'est pas payé de ses gages peut sans pécher voler l'équivalent à son maître (*Escobar*).

---

1. « *Nota.* — La constitution *Unigenitus* a anathématisé les sentiments de l'antiquité sur cette matière en condamnant la 61e proposition. »

22. De même, un maquignon peut engraisser un cheval par artifice, même le faire teindre, afin qu'il soit plus de vente, parce que chacun doit vivre de son métier, et que ce n'est point un mal que d'éviter sa perte, de quelque moyen qu'on se serve pour y parvenir (*Buffier*).

23. Un joueur qui se trouve devant un miroir dans lequel il voit le jeu de son adversaire peut profiter du hasard, attendu qu'il ne s'y est pas mis exprès et que c'est à l'autre de mieux prendre ses mesures (*Buffier*).

24. Un joueur de piquet peut adroitement reprendre dans son écart ce qu'il a jeté mal à propos (*Buffier*).

25. Jamais l'occasion prochaine ne doit faire refuser l'absolution, quand il y a une bonne raison de ne la pas quitter; la rechute est une raison qui n'a pas de bon sens ni la moindre apparence de vérité (*Jacob Maiz*) [1].

26. La grâce n'est qu'un je ne sais quoi (*Bouhours*).

Les paragraphes 27, 28, 29 et 30 sont sur le même sujet (*Molina, Francolin*) [2].

---

1. « *Nota.* — La constitution *Unigenitus* a anathématisé tous les dogmes de l'antiquité sur cette matière en condamnant les 87e et 88e propositions. »

2. « *Nota.* — La constitution *Unigenitus* a anathématisé

31. Les commandements de Dieu sont directs ou réflexes.

32. Le commandement direct est celui que Dieu nous fait de sa seule autorité ; il peut être cause du péché de la part de l'homme.

33. Le commandement réflexe est celui que Dieu nous fait en conséquence de l'avis de notre conscience, que nous devons toujours écouter, tout ce qu'elle nous propose devant être regardé comme un commandement de Dieu, fût-ce adultère, vol, meurtre, etc.

34. Pour que l'homme puisse pécher, il faut que sa volonté soit dans un parfait équilibre entre le bien et le mal. Si elle n'y est pas, il ne pèche point, quoi qu'il fasse (*cardinal de Bissy, évêques de Belsunce et de Beaumont, Molina, Vaillant*).

35. On ne pèche point dans l'action même des plus grands crimes, si l'on ne fait pas une attention expresse et actuelle à Dieu, ni à la malice du péché qui, en ce cas, n'est que philosophique, laquelle espèce de péché ne peut jamais intéresser la conscience (*Molina, Vaillant*) [1].

---

tous les dogmes de l'antiquité sur la grâce en condamnant les 15e, 24e et 25e propositions. »

1. « *Nota.* — La constitution *Unigenitus* a anathématisé tous les dogmes de l'antiquité en condamnant la 56e proposition. »

La publication de ces trente-cinq propositions ignatiennes

Ces dogmes, reprennent les lettres patentes, donneront à Fleury une idée nette et précise de ceux qui seront du goût de la Calotte. Voilà les sources où il les doit puiser. Cependant les régents se réservent de faire incessamment tenir l'assemblée générale des États pour y être à nouveau délibéré sur certaines maximes ignatiennes choquantes, inspirées qu'elles paraissaient être par un zèle religieux aussi vif qu'indiscret. Entre autres, celles qui relèvent les sujets du serment de fidélité, qui abandonnent au bras séculier la couronne, même la vie des rois; qui soumettent le temporel de tous les potentats à l'arbitraire direction du souverain de Rome.

Faisons, sous peine de bannissement perpétuel, dit l'article 7, très expresses défenses et inhibitions de reconnaître autrement que pour fieffés butors les nommés Mathieu, Marc, Luc, Jean, Pierre, Paul, Irénée, Augustin, etc., etc., Grégoire, soi-disant le Grand, et autres pareils antiques visionnaires, que, par abus, les ignares et non lettrés ont eu la stupidité d'appeler docteurs et pères de l'Église.

---

est intéressante; elle montre que M. Guichard en son rapport sur le budget des cultes pour 1878, et M. Paul Bert dans la *Morale des Jésuites* (1880), ont présenté comme neuf un travail fait depuis plus d'un siècle. *Nihil novum sub sole! nec opus, etiam nec conceptio.*

Les exemplaires de leurs ouvrages seront brûlés de la main même de Fleury pour qu'il soit sûr de leur incinération.

Au contraire, sans difficultés, contradictions ni exceptions quelconques, seront reconnus pour vrais et uniques casuistes, les pieux et très savants ignatiens et leurs adhérents Molina, Sanchez, Suarez, Escobar, Garnet, Oldecorne, Guignard, etc., etc. Ce seront les uniques docteurs, les vrais pères de l'Église ; titres, droits, honneurs, privilèges, immunités, prérogatives, prétentions, leur en sont octroyés. L'année 1555 fut celle de l'entrée du patriarche Molina dans la Société ignatienne ; à l'avenir, qu'elle soit l'époque d'où commence la véritable et unique tradition ecclésiastique. Si de mauvais plaisants allaient reprocher d'avoir mis inconsidérément au nombre des docteurs et pères de l'Église de prétendus scélérats mis à mort pour crimes? Mais les régents de la Calotte sont vigilants, et cette vigilance les a déterminés à réhabiliter, comme en effet par ces présentes elle réhabilitait la mémoire, quelque infâme qu'elle pût être, de Garnet[1], Olde-

---

1. Impliqué en 1606 dans la conspiration anglaise des Poudres et pendu comme ayant négligé de révéler le complot dont il avait eu connaissance. Les jésuites l'honorent comme martyr.

corne et Guignard[1]. Qu'il soit à leur honneur et à leur gloire de n'être passés par les mains du bourreau que pour excès de religion (art. 8).

L'article 9 stipule que, dans le ferme dessein de ne jamais se départir des préceptes de la bulle, comme il fallait nuit et jour sans aucun relâche, et même au risque de toutes les autres affaires de l'État, quelque importantes qu'elles fussent, veiller à ce qu'aucun calottin ne fît rébellion, le modèle du catéchisme de la Calotte sera inséré dans les lettres patentes.

Ce catéchisme, divisé en onze chapitres, pose les questions suivantes : Est-on obligé d'aimer Dieu? A quoi donc nous oblige le précepte de *l'amour de Dieu*[2]? Dites-nous sur quelles raisons et autorités vous vous fondez. — Qu'est-ce que la *grâce* ? La grâce est-elle efficace par elle-même ? — Que dites-vous de la *liberté* de l'homme à l'égard du péché? — Que pensez-vous de la *concupiscence?* — Que pensez-vous de *l'occasion prochaine?* — Que pensez-vous de la *contrition?* — *L'attention* expresse et actuelle à Dieu et à la

---

1. Exécuté en 1595 comme convaincu d'avoir prêché le régicide, à l'occasion du procès de J. Châtel. Dans l'*Histoire des Jésuites* le P. Jouvency l'a mis au rang des martyrs.

2. Les mots en italiques donnent les titres des onze chapitres.

malice *du péché* est-elle nécessaire pour pécher ? — Les *commandements de Dieu* sont-ils d'obligation sans exception ? Expliquez plus clairement la distinction que vous faites. — Que doit-on penser des anciens *pères de l'Église ?* — Le pape est-il *infaillible ?* — Cela étant, que doit-on penser des *libertés de l'Église gallicane ?*

Chaque réponse forme un couplet de huit vers de six pieds. Ce sont, rimés, les dogmes molinistes des trente-cinq propositions relatées en l'article 6. Quant à la réponse sur les Pères de l'Église, c'est la mise en six couplets d'appréciations peu respectueuses citées dans l'article du *Dictionnaire de Trévoux* [1]. L'infaillibilité du pape comporte trois couplets et les libertés de l'Église gallicane un couplet.

Suit le protocole de clôture des lettres patentes royales ordinaires. Vient ensuite le libellé usité de la mention d'enregistrement au Parlement. Cette mention se termine par : « A Constitutionople, au Sénat, ce jour qui sera si célèbre dans notre histoire ecclésiastique, 3 avril 1730. Signé : *Esclave.* »

L'année suivante (1731) fut rendu un édit portant création d'une *chambre ardente* dans le régi-

---

1. Col. 1ᵉ, p. 673, t. VI de l'édition de 1771.

ment de la Calotte. Par reconnaissance de ce que depuis dix-huit ans la constitution *Unigenitus* a fait pour augmenter le recrutement calottin, quiconque aura l'imprudence de refuser d'obéir au cher Unigénit sera honni comme vaurien, sujet rebelle, païen, infidèle au moins, et puni corporellement. A cet effet, une chambre ardente est établie, où sans relâche on fera le procès aux jansénistes, augustiniens et thomistes et tous autres garnements semblables qui se permettent de prêcher le monde. Chef du conseil, Bissy [1], « le sincère et beau Bissy, prototype en raccourci des vertus évangéliques »; adjoints : Tencin et les pères d'Embrun ; promoteur : La Fare [2]; rapporteur : Languet. Pour faire exécuter ses arrêts, la chambre aura cent archers d'élite servant sous un grand prévôt de la compagnie de Jésus, et tirés des

1. Henri de Thiard, cardinal de Bissy (1657-1737), évêque de Toul (1687), puis de Meaux (1704), où il remplaça Bossuet, cardinal (1715), et chevalier des ordres (1724).

Dévoué sans bornes à la cour de Rome et aux jésuites, d'un zèle outré contre les réformés et les jansénistes, il fut comblé d'honneurs et de bénéfices. Il était notamment abbé de Saint-Germains des Prés ; ci, 160,000 livres de rentes.

2. Étienne-Joseph de La Fare, évêque de Laon de 1723 à 1741, ultramontain forcené, impie et criblé de dettes. Un de ses mandements, du 13 novembre 1730, fut supprimé par arrêt du Parlement du 20 février 1731. Un autre arrêt du 2 mars suivant supprima également une lettre pastorale du 24 février comme séditieuse et attentatoire à l'autorité royale.

petits collets. L'uniforme de ces archers se confectionnera avec le bref pontifical que les parlements n'ont pas accepté ; des lettres patentes leur tiendront lieu d'épée, et, en guise de mousquet, chacun portera une lettre de cachet. Leur étendard aura au milieu Alacoque et Girard en posture décente et cette inscription : *Par la vertu Unigénit.* Le tendre Couet[1] et le doux Parquet assisteront les condamnés en grève. Le zélé Lemoine sera l'exécuteur. A ce bruyant chanoine de Saint-Benoît, le pouvoir de garrotter, questionner, marquer, donner les étrivières, pendre, rompre, empaler, brûler, tenailler, larder, écorcher, scier, piller, pulvériser cette maudite race qui ne peut sans se signer voir un jésuite.

De par cet édit, qu'elle déclare irrévocable, la Calotte proscrit tous gens de jeûnes et d'oraisons, plus soucieux du livre d'heures que de leurs affaires ; gens n'ayant d'entretiens qu'avec l'almanach de l'autre vie ; gens recherchant l'obscurité, ne prenant rien à personne, qui ont peine à accepter ce qu'on leur offre.

---

1. Chanoine de Notre-Dame et conseiller de l'archevêque de Paris.

IV

LA CALOTTE ET LES PARTICULIERS

Les particuliers aussi n'étaient pas à l'abri de la Calotte. Les particuliers, en ce sens que ce n'était pas toujours la vie publique que l'on critiquait ; car, pour attirer l'attention sur soi, il fallait jouir d'un certain renom ou occuper à la Cour une situation en vue.

C'est généralement un homme connu qui se met maladroitement en relief. Tel Baron, le toujours jeune Baron. Après être resté vingt-neuf ans sans jouer, il remonta subitement sur la scène en 1720, et représentait à soixante-huit ans des rôles tendres et amoureux. La Calotte s'empare de ce fait peu commun ; elle se rit du comédien et le plaisante agréablement de jouer dans *les Macha-*

bées [1] le rôle de Misaël, qui devait avoir au plus quinze ans. On prétend que pour en venir à bout Baron se fait raser à chaque acte.

Le genre dramatique de Crébillon déplaît. Le pauvre poète est relégué en Angleterre pour les cruautés de ses tragédies. Elles sont considérées comme convenant à l'humeur d'un auditoire féroce, à des gens tels que les bouchers, portefaix, mariniers, gens de sac et de corde. Même Crébillon pourra chausser le cothurne :

> Sur la scène il sera bourreau ;
> Il en a tout l'air et la mine.

Du reste, messieurs de la Calotte ne paraissaient pas apprécier davantage le fait-divers mis en cinq actes agrémentés de couplets ou de trémolos bien sentis à l'orchestre. Ils s'élevèrent contre Le Grand [2] qui, peu après l'arrestation de Cartouche, fit jouer une comédie portant le nom du fameux voleur. Le Grand est breveté *chef et prince des histrions.* Ce brevet est une satire de ces sujets grossiers dans lesquels certains auteurs

1. Tragédie d'Houdart de La Motte qui avait lui-même confié le rôle à Baron.
2. Marc-Antoine Le Grand (1673-1728), acteur et auteur dramatique.

naturalistes se complaisaient, mais que Molière dédaignait même d'effleurer. Quant à Le Grand, en sa nouvelle qualité, qu'il prenne ses héros en place de Grève, et pour mieux peindre ceux-ci au naturel, qu'il fasse de nombreux extraits dans les greffes criminels. Qu'aurait-on dit des « documents humains » si fort goûtés aujourd'hui?

A la masse du public il faut le piment. Le brevet de Le Grand est daté du 24 octobre 1721. Ce jour-là, le public rejeta la représentation d'*Ésope à la Cour*, demandant *Cartouche* à grands cris. Le procès du voleur s'instruisait, et le châtiment n'était pas douteux. Les régents de la Calotte espéraient que le public serait satisfait et qu'une tragédie suivrait la comédie.

Des gens qui ne paraissaient guère non plus être en odeur de sainteté, ce sont les Suisses, non pas les vulgaires concierges, mais les troupes de cette nation. De la surexcitation du peuple peuvent naître de grands maux, à moins qu'un guerrier audacieux ou sage ne calme la populace par de douces paroles. Un certain nombre d'individus s'étaient attroupés afin d'empêcher un coupable de souffrir deux ou trois heures de carcan. Ils causaient tumulte si grand que la capitale eût péri si d'Erlach, des gardes suisses, officier audacieux ou à douces paroles, n'eût tiré, de ses fenêtres, dans la masse échauffée, si bien qu'il tua le bedeau de Saint-Roch et une femme enceinte.

Ne pouvant dignement récompenser ce héros, la Calotte remet au corps helvétique le soin d'exprimer à la postérité

> Combien pareilles boucheries
> Font plaisir à leurs seigneuries,

exhortant le peuple de Berne à couronner d'Erlach, héros qui chasse de race,

> Et qui, plus fier que les Tarquins,
> Traite les peuples en faquins.

Ces deux derniers vers pourraient prêter à commentaires, mais c'est l'habitude des calottines de glisser l'allusion politique libérale au milieu de la plaisanterie, de faire accepter celle-là au moyen de celle-ci. Le but n'en reste pas moins, et la constatation est curieuse de ces seigneurs de la Cour qui avaient déjà des idées qui ne devaient arriver en plein épanouissement que quatre-vingts ans plus tard.

Moreau, exempt des Cent-Suisses, était fort sur le qui-vive et toujours prêt à dégainer. Assailli un soir par trois individus, il fut tué à la sortie de l'Opéra. A lui un brevet de 6,000 livres de pension. C'est le chevalier de l'ardente épée, le réparateur des torts, le défenseur des droits et des privilèges du corps helvétique, l'inspecteur des livrées du roi, le commandant de la brigade des enfants-perdus de la Calotte. Tant de hauts faits sur la place Olympique [1] ou les quais de Lutèce, le sanglant combat qu'il livra dans le bois de Trudaine pour l'enlèvement de la capote [2], le faisaient regarder comme un autre Jason, éclipsant les célèbres chevaliers errants Perceforet, Morgand, Primaléon, Roland, Amadis. Et Binet de La Poularde [3], l'un des historiographes, est chargé de tenir des annales particulières des actes de Moreau afin de les classer aux archives calottines.

Une autre pièce qui semble viser les Suisses et critiquer en même temps la levée de soldats à l'étranger [4], c'est l'arrêt pour lever des régiments composés des plus grands hommes du royaume. La

---

1. Plus simplement place du Palais-Royal.

2. Moreau avait rencontré sur le quai un garde-bois avec une capote à la livrée du roi et la lui retira. Trudaine était alors prévôt des marchands.

3. Bel esprit ainsi surnommé parce qu'il occupait une charge sur la *Vallée,* marché de gibier et de volailles qui se tenait sur le quai des Augustins.

4. L'*Encyclopédie méthodique* dit que cet arrêt fut délivré à l'occasion d'une permission, affichée à Paris, donnée en 1725 au grand Frédéric, de lever en France des hommes de haute taille, afin de former des régiments des plus beaux hommes. La satire ne plut pas à Frédéric; il défendit la vente et la lecture de l'arrêt à Berlin, où l'on en riait beaucoup.

sûreté comme l'éclat d'une nation exigent qu'on enrôle à grands frais des hommes grands et gros, même qu'on les prenne au poids et à la mesure pour les tenir ensuite au repos dans des chambres. On doit mesurer les héros au cordeau : faute de deux pieds Achille n'eût été qu'un vulgaire crétin. Les Grecs prisaient les grands hommes. Perses et Mèdes étaient de haute stature. En gémissant, les Romains constataient la petitesse de leur taille comparée à « l'air élégant du pesant Tudesque ». Toujours muni d'un compas, César aunait ses légions ; ce n'est qu'à la mesure qu'il nommait tribuns et centurions. Tels sont les considérants de cet arrêt, qui se moque de la lourdeur des hommes grands.

Dans la Calotte, une chose rare est la dégradation. Cette peine dut être prononcée contre Desbordes, lieutenant des gardes de la porte du roi, personnage à humeur hautaine qu'il ne soutenait point. C'est afin de le corriger de ce travers que la dégradation maligne lui fut adressée. On feint d'avoir reçu des plaintes contre lui et de prendre des mesures pour remédier à ses écarts.

La retraite honteuse que Desbordes fit devant le baron de G..., jointe aux menaces du sieur de P..., accompagnées d'une remontrance manuelle qu'il reçut évangéliquement, l'avaient fait pourvoir de la charge de *capitaine des gardes de la porte des Petites-Maisons,* que l'on regardait comme un asile pour lui. Desbordes ne s'y tint pas. Il fut admonesté et molesté charitablement par des gardes du corps. N'avait-il pas couru les bals avec son bâton ? Ne s'était-il point donné comme exempt des gardes après s'être retiré sans payer d'un temple d'amour mercantile ? La prétention de passer pour exempt des gardes était d'autant plus surprenante qu'un tambour de ces compagnies l'avait bel et bien rossé. Pour s'être donné telle qualité, les régents de la Calotte le dégradèrent et le cassèrent. Même leur sévérité alla jusqu'à condamner Desbordes à... vider les pots de chambre des gardes servant de guet et à décrotter leurs bottes ou souliers pendant onze jours.

La Faye[1] avait acheté une maison de M. de Crécy. A l'échéance, ne pouvant en acquitter le prix, qui était de 40,000 livres, il demanda du temps. Crécy lui donna trois ans, à condition d'être remboursé en espèces. Les billets de la Banque vinrent à tomber. La Faye fit alors signifier son remboursement au vendeur. Celui-ci de se rendre

---

1. Leriget de La Faye, le cadet, secrétaire des commandements du duc de Bourbon, connu par les vers de Rousseau, l'un des évangélistes du Système.

chez l'acquéreur et d'annoncer que, puisqu'il manquait à sa parole, il venait lui en porter une positive : cent coups de bâton, si La Faye prétendait payer en billets. Celui-ci ne douta pas que M. de Crécy ne fût homme de parole. Il déchira la signification de remboursement.

De là le brevet de *fripon en titre d'office*. Cet emploi demande un caractère indigne, mais des dehors d'honnête homme et de la politesse. La Faye est déclaré docte en l'art du patelinage, parangon du Dauphiné. Aucune friponnerie ne se doit commettre sans qu'il l'ait inventée ou tout au moins qu'il en soit le promoteur ou l'exécuteur. Au reste, la Calotte se repose sur son génie à renier ses promesses, à trahir ses meilleurs amis, à subir les affronts et à supporter les menaces de bastonnade

> De la part de ces esprits chauds,
> Qui, dans le fort d'une querelle,
> Veulent que leur mérite excelle
> A réaliser sur le dos.

Potra[1] était un homme de fortune, qui, après avoir exalté le système de Law, devint un des

---

1. Ou Poterat (François), selon l'*État de la France* de 1736, sur lequel il figure parmi les douze maîtres d'hôtel du roi.

directeurs de la Banque, où il ne laissa, « en bon caissier », que du papier sans valeur, mais dont il emporta 40,000 louis. Il fit bâtir, vis-à-vis du château de la Muette, un palais pour sa femme ou sa maîtresse, — le fait n'était pas éclairci, — palais dont on ordonna d'abattre le troisième étage. Potra ose s'égaler à son prince, c'est un *impertinent au premier chef.* Que le Régent réunisse par un balcon la Muette à la demeure de Potra, et qu'en échange il donne au couple autre habitation royale : les Petites-Maisons. S'ils sont mariés, ils auront même chambre; sinon, l'hôpital pour la gourgandine et Bicêtre au galant.

Voici le *siffleur du régiment :* Langerie, commissaire de la marine et commis du comte de Maurepas. Afin de ne déroger point à sa noblesse, Langerie recevait le monde en sifflant et en cabriolant; mais, pour un vice-amiral, un lieutenant général des armées navales, un chevalier des ordres, il savait se presser et être obséquieux. Il avait épousé la fille d'un tailleur nommé Lemaire, et l'on prétend que c'était

> Par un excès de sa bonté,
> Pour ne pas brouiller les familles
> Où tant de gracieuses filles
> De la plus haute qualité
> Aspiraient au bien de lui plaire.

Enfin, en raison de son mariage et pour augmenter ses revenus, lui sont allouées

> Trois mille livres tous les ans
> Sur les airs remplis d'harmonie
> Que les tailleurs, ses bonnes gens,
> Sifflent dessus leur établie.

En toutes choses, quelque bonnes en soi qu'elles puissent être, il y a des écarts. Toujours il est des enfants perdus qui glissent dans la main. Assurément Velut de La Cronière de Popin a dû être peu flatté du portrait que l'on fit de lui et des conseils qui lui étaient donnés dans le *Carillonnement général en faveur de M. Poilou de La Polissonnière, seigneur pour quatorze parties trois quarts un huitième des seigneuries de Tambourin, La Flûte et autres lieux.*

La Cronière, conseiller à la Cour des aides, s'amusait à faire de fort mauvaises pendules au lieu d'aller au Palais. Il vivait assez mal avec sa femme, dont il était fieffé d'une partie de la butte Saint-Roch. Les régents le créèrent *carillonneur du régiment.*

Ce n'était point que la médisance et l'envie se gênassent de publier qu'il n'entendait rien à l'horlogerie..., témoin douze horloges et plus qui ne pouvaient marcher. Pour exercer avec éclat un emploi aussi important, à La Cronière licence est octroyée

> D'opiner bas et du bonnet,
> De décider sans être au fait,
> De parler sans se faire entendre,
> De juger sans y rien comprendre.

Les bontés calottines ne s'arrêtèrent point là. A la fonction on ajouta des conseils : point de basse plaisanterie, ni jurons, ni calembours. Fréquentez compagnie plus relevée ; si l'on vous plaisante, riez, ne grognez pas. Avant l'énumération de vos titres, ne manquez pas de mettre :

> Je suis, par la grâce de Dieu
> Et de ma bien-aimée épouse,
> Seigneur de tel, tel et tel lieu.

Pensez donc, si un plaisantin allait dire que votre fief sort de quenouille. Il faut toujours mettre les rieurs de son côté ; pour cela, devançons-les. Surtout ne faites point le sot ou le rodomont. Ne posez pas pour Don Quichotte, dont vous n'avez nullement la figure. Avec Sancho vous avez de la ressemblance ; avec le grison aussi : magot comme le premier, hargneux et têtu comme le second.

Cette pièce est de 1751, c'est une des dernières calottines publiées. Ce ton plus que moqueur était discordant avec les premières pièces. Lorsque la satire spirituelle dégénère à ce point, ses heures sont comptées. La Calotte vivait, du reste, depuis quarante ans. Arrivée à cet âge respectable pour une plaisanterie, elle devait forcément s'égarer du chemin battu. Elle s'en égara si bien que peu de temps après elle n'existait plus. Neuf ans plus tôt, ce sont encore la plaisanterie fine et les actes de la vie publique dont on rit.

Il s'agit du maréchal d'Isenghien, type des gens bien informés. C'est le *nouvelliste du régiment*. Qu'avec assurance il donne le faux pour le vrai; qu'il entretienne l'ardeur guerrière par le récit d'une victoire hebdomadaire; qu'il transforme nos soldats en héros[1]. Aussi, dans les cafés, les amateurs de nouvelles l'étoufferont de caresses; les politiqueurs enragés auront pour lui le respect d'un laquais pour son maître. Au reste, la Calotte le préfère à la *Gazette de France*, attendu ses talents merveilleux pour mieux mentir qu'elle.

Il est de ces aubaines que l'on doit se garder de publier. Moriau, procureur du roi à l'Hôtel-de-Ville, avait fait bruit de ses mésaventures conjugales. L'écho de ses plaintes s'était rejoint, au-

----

1. C'était au moment de la campagne de Bohême.

dessus des moulins, avec les bonnets que sa femme
y jetait. On raconte que celle-ci, fille de M. Dionis,
ancien notaire et secrétaire du roi, et fort jolie
personne, avait été, après une fugue, ramenée au
domicile marital par un curé de Paris. Malgré
ou peut-être à cause de l'intérêt qui généralement
s'attache à la position qu'elle avait, Moriau re-
fusa de recevoir sa femme, et elle dut passer la
nuit dans la loge du concierge. Dès lors, Moriau
est, de par la Calotte, *syndic de la confrérie des
cocus,* avec quarante mille écus sur les brouillards
des cerveaux de ses confrères.

Le malheureux procureur avait rendu ses peines
si publiques que non seulement on le calottina,
mais qu'il eut encore l'honneur de deux couplets
dans la chanson de *la Béquille du père Barnaba,*
qui fit fureur en 1737 :

> Un procureur du roi
> Au bureau de la ville
> Est dans un grand effroi
> D'être déclaré Gille.
> Croit-il que sa guenille
> A sa femme plaira
> Autant que la béquille
> Du père Barnaba?
>
> Moreau [1], si tu te plains

---

1. La chanson dit Moreau, mais la calottine et les almanachs royaux écrivent Moriau.

> De ta femme infidèle,
> Crois-tu', petit robin,
> Qu'elle soit criminelle ?
> Non, non, toute la ville
> Avec elle dira :
> Que n'as-tu la béquille
> Du père Barnaba ?

Dans les *Noëls* pour l'année 1737, on trouve encore une allusion à Moriau :

> Du bureau de la ville,
> Le premier procureur
> Vint d'un ton fort docile
> Étaler son malheur :
> « Seigneur, je suis cocu ; la chose est fort notoire.
> Je vous demande en don,
> Pour oublier cela,
> Un défaut de mémoire. »

> Dès qu'il eut clos la bouche
> Et cessé de parler,
> Comme lui, de La Touche
> Vint aussi s'en mêler...
> « Retirez-vous tous deux, dit Jésus en colère.
> Vos femmes ont raison ;
> Car, à ce travail-là,
> Fáites... ou laissez faire. »

Au mois de juillet 1724, on surprit le comte de Clermont, alors âgé de quinze ans, en flagrant délit avec Mme de Grave [1]. De là un brevet de

____

1. La marquise de Grave, fille du maréchal de Matignon.

capitaine des gardes des portes pour le comte de Billy [1]. Afin d'empêcher son maître de tourner au vice, dit-on, Billy s'est sacrifié; il lui a abandonné sa maîtresse, quoique laide et l'aimant depuis trois ans. Le brevet remarque, en outre, qu'il est bon d'avoir des moyens sévères d'empêcher les façons importunes des maris.

Race incommode, elle pourrait sans discrétion troubler l'union secrète de personnes qui ne désirent pas avoir de témoins en pareille occurrence. C'est uniquement en raison des grandes vertus de Billy si le brevet lui est délivré, de sa sagesse utile et de son désintéressement. En effet, sa vigilance ne put tromper la défiance d'un sot argus. Ce curieux veillait sur son épousée; il trouva la porte mal fermée et l'épouse dans une situation critique.

Autre aventure galante, mais d'un genre différent. Preuve encore que rien n'est nouveau sous le soleil. Alors déjà certaines femmes employaient les grâces de leur état à attirer des galants que des bras virils mais peu scrupuleux mettaient sans vergogne à contribution.

Cette aventure arriva à l'un des premiers commis des bureaux de la guerre, nommé Marie.

---

1. Gentilhomme du comte de Clermont et capitaine réformé à la suite du régiment de cavalerie Royal-Piémont.

En échange de sa liberté il dut laisser ses vêtements entre les mains de gardes françaises qui
exigèrent en outre dix-sept louis d'or. Dépouillé,
sans gants, sans canne, sans épée, Marie se retirait
piteux, lorsqu'il reconnut la donzelle allant mettre
en lieu sûr le fruit du larcin. Grâce à un « de par
le Roi » qu'il eut l'habileté d'évoquer, il rentra en
possession de ses nippes, et le major des gardes
françaises lui fit restituer l'argent... emprunté.

L'aventure lui mérita ce brevet. Un sexagé-
naire sortant des bureaux de la guerre avait
pris la route qui mène droit chez Vénus. A la
faveur de la nuit, une belle le conduisit aux
Parcs-aux-Cerfs en domicile où contre espèces
on obtient plus que de menus droits. Mais
ces gens qui le soir cherchent fortune sur les pail-
lards, l'ont dépouillé et volé. Prenant intérêt à
l'aventure, intérêt mitigé cependant par cette
considération que Marie eût pu y perdre la
santé au lieu d'y laisser seulement ses habits, le
conseil de la Calotte pensa que pour signaler
davantage ces hauts faits, il fallait que le traite-
ment du cher homme fût fixé par le régiment,
toujours prêt à rendre justice aux barbons qui
croient devoir, sans malice, soupirer encore. On
le nomma *commissaire des guinguettes*. Il eut
sur les ribauds qui, retournant au combat en

craindront les blessures, droit de police, ainsi que pouvoir de contrôler les grisettes dont le serment n'aurait pas été reçu ès mains de la Calotte. Comme insigne, une vieille marotte qui rappellera à Marie qu'il est loisible d'aller en certains lieux et d'en revenir sans qu'il en coûte, si l'on rencontre par bonheur un ami fidèle[1]. Un droit est accordé sur tous les vaudevilles qui se chanteront sur la présente histoire. Pourtant, la Calotte prie que, par bienséance, l'on ne fasse point connaître au public, toujours médisant, l'anecdote qui veut que, pour assurer sa tendresse contre un jaloux, Marie ait eu l'habileté de lui offrir une lettre de cachet[2] pareille à celles qu'il envoyait gratis. Enfin, comme sa maison doit occuper une situation respectable dans l'armorial de la Calotte, le commissaire des guinguettes portera *de sable au chef chargé d'un bouc passant ayant en tête un croissant;* pour cri : *Vive Marie*[3]; « et qu'il s'esbaudisse à loisir ».

---

1. Le major des gardes françaises qui lui fit rendre sa rançon.

2. « Pendant la Régence, il aimoit la femme du nommé Quoniam, rôtisseur. Comme le mari le gênoit, il expédia une lettre de cachet en vertu de laquelle le rôtisseur fut conduit au Mississipi. » (MAUREPAS.)

3. Dans le recueil de Maurepas, les armoiries, joliment dessinées, figurent à la fin du brevet. Elles ont des sirènes pour supports et comme cimier une tinette. En note : « La tinette

Arnault de Boexe[1], rapporteur dans le procès de Cartouche, attira sur lui à ce sujet les brocarts de la Calotte. De même que Scipion fut baptisé l'Africain, on appellera Boexe Arnault-Cartouche. On l'installe *inquisiteur des minuties* et *grand minutier du régiment*, afin de distinguer les pois des fèves, les fractures d'avec les coups et les trous d'avec les fentes. En outre, il sera commissaire pour discipliner les prisons, et faire, comme de choses importantes au roi, des rapports sur les trous dont les prisonniers percent les murailles. De cette vigilance exacte dépend le salut de l'État. Celui qui ne s'attache qu'au petit détail ne réussit pas dans le grand ; aussi Boexe est commis aux petits détails seulement ; il ne touchera pas au fond des affaires. Ses soins seront limités à tirer les vers du nez et à poser des scellés. Enfin, les régents lui communiquent la puissance miraculeuse de pouvoir tondre sur un œuf, de réaliser les fantômes, de grossir des atomes invisibles, même dans un rat de trouver un bœuf.

Ramonez ci, ramonez là. Desnots, conseiller au Châtelet, avait pour manie de craindre la fu-

qui couronne les armes est mise parce que la femme qu'il a raccrochée étoit une crieuse de tinette ».

1. Lieutenant général à Angoulême, conseiller au Parlement de Paris, puis maître des requêtes en 1723.

mée au point de feindre des syncopes lorsqu'il s'en élevait dans un appartement où il était. C'est le *ramoneur du régiment*.

Le valet d'un gendarme ou chevau-léger de la garde se noya à Fontainebleau en menant à l'abreuvoir les chevaux de son maître. Ferrand [1], capitaine aux gardes françaises, entreprit, plusieurs heures après la mort, de le faire revivre. Il mit le noyé sur un tonneau, le couchant sur le ventre, et remuait le tonneau afin d'opérer la sortie de l'eau absorbée. Ensuite, il enveloppa le malheureux dans un drap trempé d'eau-de-vie, et voulut ou y fit mettre le feu. « Le mort ne revint point à la vie. »

Un curieux naturaliste, dit le brevet qu'on délivra au capitaine Ferrand, a découvert des moyens prompts de guérir les noyés. L'eau ne fait que restreindre leur chaleur sans la pouvoir éteindre; il suffit de la raviver. Cette méthode s'appuie sur plus d'une mouche noyée qu'on voit

---

1. Mari de la célèbre Mme d'Averne, qui obtint, en récompense de sa soumission aux désirs du Régent, cette compagnie aux gardes et le gouvernement de Navarreins. Aussi les *Scènes comiques* lui font tenir ce langage :

> ... *C'est corne d'abondance.*
> *Cocu, soit! Que me fait le chimérique affront?*
> *Ce titre n'est vilain que pour ceux qui le sont*
> *Gratis; mais par l'argent on adoucit la honte.*

réchauffée par le soleil. N'en serait-il pas de même pour l'homme que pour la mouche, et ne verra-t-on pas les eaux glacées de la mort céder au feu de l'eau-de-vie ? Quoique le succès ait trompé l'attente, la chose est certaine. Si la cure n'a point réussi cette fois, c'est que le noyé l'avait été très mal ; il en était résulté un puissant obstacle.

Ferrand a le privilège de guérir tous les noyés du royaume. Il fera bâtir des cabanes le long des cours d'eau pour loger ses provisions et ses commissionnaires. Tous les noyés qu'il aura rendus à la vie seront par ce fait même incorporés dans sa compagnie sans espérance d'avoir leur congé ; si c'est une femme qui se noie, comme ce n'est pas un malheur bien grand, elle remboursera au quadruple la liqueur employée pour sa cure. Désormais, que les calottins aient la précaution de se bien noyer !

Après Ferrand, dont l'idée n'était burlesque au fond que par le temps qui s'était écoulé depuis le décès du malheureux palefrenier, voici deux farceurs : Ledain de La Challerie et le comte de Salvagnac, qui prétendaient, au moyen d'une composition plus ou moins chimique, métamorphoser le fer en cuivre. Un verre de leur composition, qu'on appelle « lessive » dans les notes sur le brevet, fut analysé par un sieur Bolduc, en présence de Hérault, et la fraude se reconnut. Momus descendit exprès de sa céleste demeure pour délivrer à La Challerie et à Salvagnac un brevet qui leur donnât pouvoir d'exercer librement l'art d'alchimie à la suite du régiment de la Calotte (1er janvier 1728).

Les fourberies des deux compères sont autorisées. Momus veut qu'ils utilisent le présent brevet pour s'assurer de l'argent auprès de ceux qui ont l'âme confiante. La charge étant pénible, il nomme secrétaire de leurs commandements Valence et l'abbé Hubert. Celui-là était un artiste de profession qui travaillait pour Salvagnac et faisait les préparations chimiques. L'abbé Hubert était fils de la gouvernante de Ledain ; il prenait soin de la lessive dans les démonstrations publiques.

Si de tels brevets étaient mérités, on conçoit moins les plaisanteries dirigées contre Réaumur. On ne peut les expliquer que par l'étonnement sceptique et gouailleur qui accueille toujours les grandes nouveautés. Et bien peu de savants, dont la gloire est aujourd'hui incontestée, n'ont pas été, à l'apparition de leurs découvertes, l'objet de jalousies perfides ou de risées maladroites. Les premières ne sont pas applicables à la Calotte.

Au lieu de réprimer les éclats de rire du public, elle apporta sa note dans le concert.

Renard Furet, sieur de Prudence, lisant entre autres ouvrages, le *Recueil de l'Académie* pour 1720, y trouva le ***Traité des Faluns et des Falunières***. Le falun n'est qu'un amas de coquillages ; Réaumur explique comment on en trouve les traces ainsi que l'itinéraire que la mer a suivi. Ceci paraît extraordinaire à Furet. Il déclare Réaumur indispensable. N'explique-t-il pas tout sans broncher ? Ses connaissances n'ont pas de limites ; il sait à quoi servent les cornes de l'escargot, combien celui-ci peut jeter de mousse dans une saison, faire de chemin en un jour. A l'aide de calculs certains, il indique de combien de pouces s'élève une puce au corps sain [1]. Réaumur n'a pas voulu conserver le nom de Ferchault [2] comme trop dur et ennemi de l'harmonie. Si son père le porta, c'est qu'il ignorait la physique. Enfin, Furet demande que l'on institue Réaumur *régent de physique* et qu'il ait le monopole de l'habillement des calottins. Pour faire morgue à la froidure, chaque année il

----

1. « Dans le cas où cette puce trop agile viendroit à se casser le tendon d'Achille, qu'on la renvoie au chirurgien Petit. »

2. René-Antoine Ferchault de Réaumur (1683-1757), membre de l'Académie des sciences (1708). A publié : *Examen de la soie des araignées.*

livrera un habit fait de toile d'araignée, filée et bien torse. Un arrêt fut rendu conforme aux demandes de Furet.

Nombre de pièces ne sont pas seulement de la plaisanterie pure ; elles sont de plus assaisonnées de philosophie. Tel le brevet de Barcos, contrôleur des gendarmes de la garde, comme *chef des importants*, personnages pleins de vent et de fumée, aux airs spécieux. Leur extérieur, leur bonne mine, font croire à leur capacité ; ils décident de tout, veulent tout connaître, tout voir. Ils ont grands airs, mais c'est d'une âme hautaine qu'ils s'exhalent, d'une âme pleine de son propre mérite.

> De loin c'est quelque chose, et de près ce n'est rien.

Ce vers du bon La Fontaine s'applique aux importants. Ceux-ci sont de tous les temps, comme les personnes qui se croient indispensables et pensent que la terre, ayant tourné avant eux, n'opérera plus aussi bien ses révolutions. Le conseil que donnaient Aimon et Torsac est bon à rappeler :

> Enjoignons à tous nos sujets
> De ne point les voir de trop près,

De peur que cette tentative
Ne nuise à de pareils héros,
Qui, comme belle perspective,
Ont toujours les traits un peu gros.

Dans le même ordre d'idées est conçu l'*Extrait des Livres-Journaux du Régiment de la Calotte, lettre P, n° 4*. La « lettre P, n° 4 » indique qu'il s'agit des quatre frères Pâris : Antoine, La Montagne, du Verney et Montmartel. On les installe trésoriers du régiment au lieu et place de Bontemps [1]. Ses livres, sans paraphe, sans méthode, mal écrits, sentaient de loin le péculat. Ce qui constitue la probité des trésoriers, ne sont-ce pas de beaux bureaux, des fenêtres grillées, des vignettes sur les livres, des lignes tirées au cordeau, des majuscules ornées et coloriées, des lacs d'amour à triple cordon ? Du moins, c'était l'avis du contrôleur général, qui prisait fort cette « finance enluminée ».

Assurément les frères Pâris doubleront les finances du régiment. En prévision de cet heureux avenir, que des lettres réparatrices soient

---

1. Louis Bontemps, chevalier-commandeur, prévôt et maître des cérémonies de l'ordre de Saint-Lazare, intendant et contrôleur général des bâtiments et jardins de la reine, capitaine du château des Tuileries et de la varenne du Louvre, l'un des premiers valets de chambre du roi.

données contre les accusations de faux saunage, faux serment, faux testament, faux billet et autres peccadilles, « premiers essais de leur jeunesse [1] ».

Les financiers d'autrefois n'y entendaient goutte. Grâce au *Doit* et *Avoir*, tout sera changé. Pour ne divulguer ces mystères, les Pâris s'uniront entre eux ; pour épouses ou maîtresses, ils auront sœurs, nièces et cousines. Il ne faut pas qu'un autre sang apporte chez eux la sagesse et le bon sens qui peut-être feraient supprimer tables et grilles, bases des finances calottines. Si jamais l'un des frères livrait à la raison l'art des comptes en partie double, un poteau serait élevé face à sa demeure ; pour inspirer une crainte salutaire, ce poteau porterait l'inscription *Doit, Avoir*. Ainsi décida Momus.

---

1. Pâris du Verney, soldat aux gardes françaises, fut accusé d'être complice du vol du carrosse de Bruxelles. Montaran, son capitaine, le fit sauver à Namur, où il resta jusqu'à ce que l'affaire fût apaisée. Pâris, arrivé aux honneurs, lui en témoigna sa reconnaissance.

Voici, à titre de curiosité historique, la copie de l'inscription de Pâris du Verney sur les registres d'enrôlement des gardes françaises :

« *Compagnie de Montaran.* — Joseph Duvernet, dit Trefons, âgé de 19 ans, natif de Moiran en Dauphiné, à 3 lieues de Grenoble, de fort bonne taille (9 p. 9 p. 1/2), les cheveux châtains ondez et grans, le visage un peu greslé, a dit n'avoir jamais servi. Enrollé le 28 février 1703. A reçu 200 livres. Amené par Forville, sergent de la compagnie. Congé absolu du 2 avril 1706. »

A propos de la finance, un mot du brevet en faveur de Dodun [1]. Défenses expresses sont faites de le traiter de brouillon, soit par critique injuste, soit par chansons. Quant aux personnes du beau sexe, quel que soit l'âge ou la beauté, qu'elles se gardent bien de lui faire en amour aucun présent qui lui puisse cuire, ainsi qu'une dame de qualité n'avait pas craint de lui en offrir.

Invitation à tous les sujets du régiment de se trouver au bal de Madame la princesse des Asturies et *la Calotte du Public, élu juré-priseur des brevets du régiment.* Ces deux pièces sont d'observation fine. Le caractère français et le goût du public n'ont pas varié. Bien que datant de plus d'un siècle et demi, on croirait ces brevets rimés d'hier. Il est, du reste, des choses qui sont et seront de tous les temps. Le Public :

> Prisant toute chose à la montre,
> Hardi donneur de camouflet,
> Grand ami du pour et du contre,...
> En tout n'ayant le sens d'une oie,

---

1. Charles-Gaspard Dodun, marquis d'Herbaut (1679-1736), fut conseiller au Parlement de Paris, président de la quatrième chambre des enquêtes, intendant de Bordeaux, maître des requêtes, conseiller au Conseil royal, contrôleur général des finances (1722), grand trésorier des ordres du roi (1724), lieutenant général au pays Blaisois, docteur agrégé d'honneur de la faculté de droit de Paris.

> Juge à la façon de Bridoie,
> Frappé d'aveuglement complet,
> Et jouant, pour l'auteur qu'il morgue,
> Du plat des mains ou du sifflet
> Comme un Savoyard de son orgue.

Ce brevet est une satire des plus fines et des plus vraies du goût falsifié du public, qui délaissait Racine, Molière et Corneille pour se ruer aux farces d'Arlequin ; qui ne daignait pas jeter les yeux sur les œuvres de haute littérature et savourait

> Comme succulents
> Les riens des *Mercures galants* [1].

Est-il besoin d'ajouter qu'aujourd'hui il en est de même. Les œuvres purement littéraires ne sont pas lues ; on se précipite sur les romans malsains, sur les indiscrétions plus ou moins vraisemblables qui ont la prétention de faire connaître le *moi* des personnes en vue : souverains, ministres, actrices. C'est affaire d'argent. Toujours le pigeon se laisse plumer ; toujours il

---

1. « Le *Mercure galant,* maître de la manufacture des vers nouveaux et curieux, baron de la littérature, seigneur d'Énigme et autres lieux. »

va au colombier. Et il en sera toujours ainsi.

Vu, dit le brevet, le fatras auquel le Public ne marchande pas ses bravos alors qu'il dédaigne les grands auteurs; vu la Foire; vu les divers acteurs et actrices à jeu baroque et maussade dont il est engoué et après lesquels il court comme à des spectacles gratis, pendant qu'on délaisse les maîtres de la scène; vu la tragédie qu'on applaudit aujourd'hui pour la déserter demain; vu que d'autres pièces, qui n'ont eu à la première représentation que l'honneur de sifflets, montent aux nues à la reprise; tout sincèrement considéré, le Public est proclamé calottin des plus parfaits. Sur sa tête de linotte, calottes sont posées sur calottes; on lui décerne un hochet en rapport avec son renom de justice : une balance inégale, ayant un côté de grandeur ordinaire, l'autre de trébuchet. Pour la gloire de la Calotte, au Public il est recommandé de s'éloigner du sens commun et de ne fréquenter que les Italiens et la Foire. Pour le Théâtre-Français, mépris constant; ce n'est pas que la Calotte ne puisse y avoir ses entrées, mais le bon goût y réside encore. En récompense, maître Public aura balivernes d'Opéra, fariboles de la Foire, rêves de Romagnesi, cabrioles d'Arlequin.

Au brevet de Judinville-Boucot, receveur général de la ville de Paris, adjoint de Languet comme *second maître des cérémonies*, il est dit :

> Fait à Paris, la grande ville,
> Où se trouvent maint inutile,
> Force larrons de tout métier,
> Force jaseurs qui sans quartier
> Vont étourdissant nos oreilles
> D'impertinences sans pareilles,
> Force rimeurs qui sans raison
> Riment sornettes à foison.

Et aujourd'hui !

Au point de vue philosophique, la Calotte du Public vaut presque les autres brevets du recueil réunis. Il faut en excepter cependant l'*Invitation au bal de la princesse des Asturies*. C'est encore une pièce d'observation fine et une satire générale, bien que visant certains particuliers. Comme pour le Public, il est des choses qui demeureront éternelles et que rien ne corrigera. On fait étalage de philosophie devant le monde ; cela fait bien. Hors de sa présence, la philosophie devient un doux siège.

La Calotte veut que femme, belle ou non, se montre au bal décolletée ; elle permet au mari jaloux d'y faire grise mine, pendant que l'époux sceptique rira d'un si doux passe-temps. Elle exhorte les fous à danser avec si grande ardeur que, surpris par le froid, ils en tombent malades ; elle consent même que le financier parvenu vienne étaler son luxe et éclipser la Cour.

Messieurs les badauds ont libre faculté de se rompre les jambes et les bras pour voir la grâce que le roi déploie en dansant. Quant aux petits-maîtres, on espère qu'ils lanceront maints cartels pour se venger d'une parole dite par un ami qui voulait rire et n'avait aucune arrière-pensée ni idée offensive.

Envers les dames, les régents de la Calotte n'étaient point galants. Toutes vérités ne sont pas bonnes à énoncer, dit un proverbe; mais, selon un autre, seule la vérité offense. Auquel entendre ? Le dernier est plus commode par le détour derrière lequel il permet de s'abriter. Du reste, ce sont des arrière-parents qui parlent, si arrière que l'on ne peut raisonnablement supporter les conséquences de leurs plaisanteries. Pour concilier les choses, ne disons pas que c'étaient nos arrière-parents, mais des parents arriérés, qui écrivaient :

> Espérons aussi que le sexe,
> Dont la folie est une annexe,
> Y fera très bien son devoir
> A parler de tout sans savoir,
> A faire cent minauderies,

> Torticolis, afféteries,
> Pour attirer dans ses filets
> Étourneaux, pigeons et poulets.

Approuvons intérieurement et ne le laissons pas voir.

V

LA CALOTTE ET L'ACADÉMIE

Le ridicule ne tue pas toujours. Ridiculisée depuis tant d'années, objet de facéties plus ou moins spirituelles, l'Académie française supporte vaillamment le poids de ses trois siècles. En faire partie est toujours un titre recherché. Même son nom exerce encore un prestige si grand que nombre de sociétés plus ou moins littéraires ou savantes se le sont arrogé.

Fidèle à son programme, la Calotte attaqua l'Académie et chercha à la ridiculiser. Qui eut tort? L'Académie, puisqu'elle se fâcha. Du reste, elle subissait à cette époque une sorte d'éclipse, et c'est précisément par regret de son ancienne re-

11.

nommée que la Calotte dauba sur les quarante
immortels.

Voyez *le Coche* (1727) :

> Jadis était un coche bien monté
> Qui, franchissant le sommet du Parnasse,
> Vous menait droit à l'immortalité.
> Quarante en tout y pouvaient avoir place.

Le prix de cette place, c'était en bonnes rimes, en
belle prose qu'on l'acquittait, selon le tarif de
Phébus, qui jusqu'ici sut équiper la voiture et
la conduire sans l'embourber. En est-il las ou
Momus mène-t-il le coche? En tout cas Momus a
pris le bail. Il fait bon marché des places, prend
des arrhes de tous venants. Gros commis, robins
désœuvrés, amis de leurs amis, histrions, « tout
est bon, tout l'honore ». Qu'apportent-ils? Des
sous vils, pas de monnaie frappée au bon coin
d'Apollon. Les uns ont crédit; aux autres remise
entière est faite. Momus entasse tout le monde, et
vogue le coche par cahots, si bien que, dès le début de la route, il se fourvoie hors des chemins
que suivait Phébus. On roule entre des rochers ;
l'essieu vole en éclats, et les voyageurs d'échouer
à terre. Houdart a succombé sous le poids de son
Homère et de ses *Fables*, « bagage lourd ». Mal-
let regrette d'avoir quitté son comptoir; Fon-

tenelle, « vieux syndic des bourgeois de Cythère »,
pleure les deux aunes de velours de Mme de Tencin ; Houtteville demande que l'on dégage l'esprit de la matière ; ses brodequins d'acteur bles-
sent Destouches ; etc., car l'auteur veut dérober
aux yeux du lecteur

> Masques plus laids que n'était Déiphobe.

Devant ce tableau qui était son œuvre, Momus
engage les malheureux échoués à jurer en guise de
consolation, puis s'envole en sifflant dans les airs.

Roy est l'auteur de cette satire. Par les intrigues des parties intéressées, il fut arrêté, mis à
Saint-Lazare pendant quelques jours, puis, à la
prière de sa famille, exilé à cinquante lieues de
Paris. Il se retira à Tours ; son exil dura un an.
Rentré, il lança le *Temple d'Ignorance,* nouvelle
pièce allégorique sur l'Académie.

La sage Expérience et son frère le Travail faisaient à l'Ignorance une guerre incessante et achar-
née. Traquée et honnie, l'Ignorance cherche un
refuge. Longtemps elle eut asile au temple d'Es-
culape ; elle s'y présente, mais les Helvétius et les
Chirac ont remplacé Diafoirus et Purgon et
la font sauter par les fenêtres. Abordant son
frère le Mensonge, elle pense à aller chez Chi-

cane. Cochin et Normand plaidaient. Leurs arguments clairs et pleins de logique et leur éloquence font fuir l'Ignorance dépitée. Quel refuge trouver ? « Pourtant Paris me doit le gîte. » Continuant ses pérégrinations dans l'après-dînée, l'Ignorance avise un spacieux palais : le Louvre. Elle s'avance, entend glapir une cohorte obscure, société d'adulation mutuelle ; même le son de l'argent frappe ses oreilles (c'étaient les jetons de présence). Elle prend séance, annoncée par le Babil, héraut commun.

Autrefois, la salle était décorée de portraits peints par Apollon lui-même : ceux de Boileau, Fénélon, La Fontaine, Huet, Racine, Corneille, « distributeurs de l'onde d'Hippocrène ». Mais quels magots les remplacent ! L'Ignorance s'assied sur le trône de Phébus. Un auteur merveilleux débute. Bien qu'octogénaire, il a le verbe haut ; il remercie de l'honneur qui lui est fait, auprès duquel le cordon du Saint-Esprit n'est rien :

> Grands intendans des mots et des virgules,
> Du bel esprit vous me scellez les bulles.

Pour obliger sa patrie, il terminera l'œuvre de ses devanciers. Une moitié du discours fut lue, l'autre sifflée. On prie le « monstre » de répondre. Il s'en acquitte avec un de ses discours semblables aux billets du bureau des péages, où le nom est en blanc. Quand le nom est rempli, facile est la harangue. A cet effort, l'assemblée applaudit et jure foi à l'Ignorance qui élit son domicile au Louvre. Paris est quitte.

L'Académie ayant, par délibération spéciale, accordé aux comédiens une place dans ses séances publiques, Polichinelle présenta une requête à l'effet de jouir du même privilège pour lui et ses acteurs (1732). Le pétitionnaire ajoutait qu'il se tiendrait dans la modestie de son état, qu'il n'occuperait que les dernières places. Il ne siégerait ni à côté des prélats qui excommunient les comé· diens, ni avec la noblesse qui ne fait sa cour qu'aux rois véritables et ne hante pas les rois non plus que les reines de théâtre. Enfin, Polichinelle promet de conserver l'humilité qui l'a fait si avantageusement connaître.

Ces pièces sont des critiques générales. Les autres calottines visent tels ou tels académiciens qui personnifiaient la compagnie, ou à la fois l'Académie en général et quelques-uns de ses membres en particulier. Ainsi, l'*Arrêt des États de la Calotte portant condamnation de bannissement contre certains délinquants envers la raison et la langue*.

Le collège des Quarante professait, sous les États de la Calotte, l'art de quarrer la période et de torturer le cerveau ; il tenait à juste prix un magasin de mots du jour, des glacières à rafraîchir l'ode, des moules à harangues. Pour s'être immiscé dans les affaires du régiment, le collège est condamné à fermer boutique. Que ses membres quittent la ville ; on transférera les plus égarés à Montmartre. De là, La Motte, Houtteville et Fontenelle pourront de leur jargon à cinq ou six sous le cachet venir endoctriner les précieuses ridicules. Tous trois ont permission de faire une grammaire iroquoise et de publier un traité d'inintelligibilité.

Néricault Destouches, lui aussi de l'Académie, mais non visé en cette qualité dans son brevet de *grand plénipotentiaire et conseiller en les conseils de la Calotte,*

> Qu'il tient seul, faute de pareils,

est chargé, comme on l'a vu, de réclamer du Calife ses bons offices pour mettre l'accord entre Genève et Rome. Comme présents diplomatiques, Destouches doit emporter cent mille exemplaires des *Vérités de la religion chrétienne prouvée par les faits,* d'Houtteville ; des *Lettres* de l'abbé Ter-

rasson; des panégyriques grotesques, mi-burles-
ques, mi-funèbres, dans lesquels Fontenelle en
riant regrette chaque année ses savants confrères;
des *Réflexions critiques sur la poésie et la peinture*
où l'abbé Dubos[1] met les deux arts dans le chaos;
des pièces pour Polichinelle dans lesquelles l'ini-
mitable Fuzelier[2] excelle; enfin, des *Fables* de
La Motte.

La Motte et Fontenelle sont les deux princi-
pales têtes de Turc. Prenons d'abord La Motte. La
Calotte n'aime ni ses *Fables* ni ses théories sur la
poétique et les anciens. Sous ce rapport l'académicien prête à la critique, son caractère peu
conciliant et peu porté à goûter la plaisanterie
dirigée contre lui n'étant guère fait pour arrêter
les railleries.

Dans le brevet de Baron, il est défendu aux
courtauds et aux clercs de faire aucun bruit, de
pousser aucune huée, surtout contre la tragédie
des *Macchabées*, dont l'intrigue comme la versi-
fication faisait la gloire de La Motte.

Maints avertissements avaient été donnés à ce

---

1. Jean-Baptiste Dubos (1670-1742), historien, secrétaire perpétuel de l'Académie française en 1722.
2. Louis Fuzelier (1672-1752), auteur dramatique. A donné,
entre autres, au Théâtre-Français, *Momus fabuliste*, spirituelle
critique des *Fables* de La Motte qui eut un grand succès.

dernier de se conduire en chevalier de la Calotte.
Il avait, en effet, mérité cette distinction pour
s'être rongé l'esprit à composer des vers d'un tour
rond et moins durs que ceux de la *Pucelle;* pour
avoir prouvé que les modernes sont fort au-dessus
des anciens et que ceux-ci n'ont écrit que des balivernes; enfin, pour ce que l'on qualifierait aujour-
d'hui, sans plus d'explication, de « services excep-
tionnels ». Mais ne voilà-t-il pas que La Motte
s'avise d'engager la Cour à lui acheter chèrement
ses *Fables* quoique d'un ton fade et dur, et de se
faire donner par La Faye une pension de 3,000
livres pour l'honneur rare et sublime d'être son
Mécène? Même Lamotte obligeait son protecteur à proclamer ses poésies plus douces que le
nectar, pour ne pas entendre de tous côtés les
sifflets s'élever contre un Mécène de mauvais
goût. Devant ces raisons supérieures, La Motte
est dégradé. Cependant, d'après le brevet de La
Faye, il doit être son complice en friponnerie.
Il chantera les louanges de La Faye; le vulgaire
ignorant sera leurré par le rimeur sévère et don-
nera en plein dans les pièges qui lui seront tendus.

Encore un arrêt du Parnasse[1] contre Houdart

---

1. Cette pièce est reproduite deux fois dans le recueil de
1739 : la première fois sous le titre d'arrêt du *Parnasse*, la seconde sous celui d'arrêt d'*Apollon.*

de La Motte. L'auteur en est Richer[1]. De par
cet arrêt, défense à Melpomène et à Polymnie de
laisser boire à l'Hippocrène Houdart, « vieux
rimeur », attendu que cette eau lui cause des né-
vralgies, et que, si peu qu'il en boive, « il ne sait
plus parler français ». En revanche, à La Motte il
est permis de composer en style vulgaire une tragédie, un opéra, voire même des odes, des chansons, etc. On lui en accorde le monopole ; tout
rimeur autre qui voudrait user d'une telle licence,
ne pourrait que répandre l'ennui.

Cet arrêt s'appuie sur ce que La Motte, qui
cependant l'avait fait, prétendait que la mesure
poétique emprisonnait étroitement la pensée et la
raison et était par là un art chimérique, que la
rime accroissait la peine de l'écrivain et torturait
son esprit, et concluait à ce qu'on ne dût plus
perdre son temps à ces bagatelles. Pour le prou-
ver, La Motte composa un *Œdipe* en prose in-
sipide. Ont déposé des plaintes contre Houdart :
Homère, Virgile, Anacréon, Térence, Horace,
Catulle, Ovide, Marot, La Fontaine, Malherbe,
Corneille, Racine, Boileau, etc. Voltaire fit une
réplique.

---

1. Henri Richer (1685-1748), avocat au parlement de Rouen,
auteur d'une *Vie de Mécène*, de tragédies faibles et de fables
estimées.

Voici maintenant le testament de Huet, sur lequel la Calotte dut rendre un arrêt. Par son testament, l'évêque d'Avranches dénonce à la justice du Parnasse certains quidams oiseux, paresseux, antipodes du bon sens, ennemis de toute science. Depuis douze ans, au grand déshonneur de la France et par une trahison indigne, dans un cabaret du Pont-Neuf ils conspirent contre la raison; ils ramènent la barbarie qui se propage partout aussi bien dans la prose que dans les vers; ils font triompher le mauvais goût. Non contents de cela, ces ignares forment le complot de détruire le goût de l'antiquité comme grossier et moins beau que le moderne. Ce dernier n'est-il pas un goût raffiné, cherchant la pointe, si rempli de vanité que les habitués du Pont-Neuf se prétendent seuls beaux esprits ? Et cependant, pour échauffer leur veine, pour exciter la maigre rosse qui leur sert de Pégase, ils n'ont pour Hippocrène que le café Gradot [1].

La Calotte ne pouvait tolérer ce testament où Huet allait jusqu'à traiter de cabale ignare les suppôts illustres de La Motte, rimeur plein d'esprit et de talent, restaurateur des belles-lettres

---

1. Café des beaux esprits. Les habitués étaient La Motte, Duclos, Maupertuis, Saurin, Nicole, Melon, Gacon.

et digne des protections, pensions, honneurs, que la Cour comme la ville lui donnaient à l'envi. C'était la récompense méritée d'avoir su rétablir par son beau style ce qu'avait corrompu la passion des anciens. En conséquence, le testament est déclaré rempli de vérités choquantes. On en tiendra note aux registres du régiment comme étant l'œuvre calottine d'un moribond, qui oubliait que Porée avait déclaré La Motte, Fénélon et Porée les trois hommes qui feraient la gloire du siècle. Huet, néanmoins, se permettait de dégrader La Motte de cette gloire par diffamation testamentaire et le rangeait dans la catégorie malséante des personnes qui n'ont ni raison ni bon sens.

Au tour de Fontenelle. Il est *examinateur et censeur des livres*. Le régiment tenait en estime la prose et les vers, célèbres et grands pivots par lesquels, grâce à l'imprimerie, nombre de sots débitent et publient chaque jour des impertinences et de folles rêveries. Afin de parer à l'invasion du style fade et pesant, la création d'examinateurs s'imposait. Ne pouvait-on faire meilleur choix que celui de Fontenelle ? Il avait déclaré les fables de La Motte pleines d'esprit et d'art. Il couvrait d'encens Vallange [1], ce miracle de l'époque, qui

---

1. **Auteur de** *l'Art d'élever les jeunes princes dès le berceau.*

prétendait qu'un enfant instruit par ses leçons devait être à sept ans un Homère, un Démosthène, un Cicéron, un Virgile ; même qu'il ne tomberait pas s'il se tenait debout ; que la peinture, la musique, les mathématiques, lui seraient des carrières ouvertes à son choix, tant sa méthode était efficace ; ce que Fontenelle soutenait. En survivance, est Moreau de Mautour[1]. C'était un savant connaisseur, témoin l'approbation qu'il donna au *Versailles immortalisé* de Monicart. Que ces examinateurs soient à la fois les patrons des bons auteurs et les fléaux de l'ignorance.

Jugement de la Calotte entre Fontenelle et Arlequin ; mars 1721. — Fontenelle avait fait tous ses efforts pour qu'*Endymion* fût joué au ballet du roi ; mais on lui préféra les *Folies de Cardenio,* de Coypel fils. Fontenelle se plaint d'Arlequin et de sa troupe. Il demande qu'on leur défende de jouer *Endymion,* attendu que depuis plus de trente ans il est occupé à rimer une pièce d'un grand prix. L'Opéra l'a refusée, mais il la vendra au roi comme une nouveauté. Ouï Scaramouche sur les franchises de son art ; vu les culbutes et les singeries d'Arlequin, la Calotte déclare

---

1. Philibert-Bernard Moreau de Mautour (1654-1737), littérateur, antiquaire, conseiller-auditeur à la Chambre des comptes, membre de l'Académie des Inscriptions.

que la troupe italienne pourra, par critique ou
parodie, berner, vilipender, huer, mettre en pièces, bistourner l'auteur d'*Aspar*, cette pièce qu'ont
rendue immortelle les sifflets qu'elle enfanta, des
*Lettres du chevalier d'Her****, des digressions où
l'on qualifie Virgile d'imbécile. Au barbon, défense d'écrire dorénavant des sornettes tendres, des
ballets, opéras ou chansons, ainsi que de conduire une muse douairière au milieu d'une cour
adolescente, sous peine d'être mis aux Incurables
du Parnasse. Coypel, qui déjà y avait pris place[1],
lui cédera une partie de sa chambre.

Avant d'être de l'Académie française, Moncrif
fut gratifié d'une *statue* par la Calotte. Le brevet
est de 1729, après l'*Histoire des chats*. Bien qu'en
l'*Almanach du Parnasse* le Picrochole ait place;
que pour maintes chansonnettes, maint ouvrage
retourné, il soit au nombre des demi-poètes cou-
ronnés de marjolaine, cependant un monument
manque à sa gloire, monument que le public
trouvera bon qu'on dresse sur la place de Chi-
méron. La statue sera élevée sur un piédestal de
carton; l'effigie, de neige, afin de marquer la solidité et le noble feu de son génie. Traits neutres;
sans barbe au menton; des seins de femme; dans

---

1. *Les Folies de Cardenio* avaient subi un échec.

une main l'éventail de Courcillon; dans l'autre, une vielle ou un tympanon pour figurer la langue héroïque, tendre et facile de Moncrif. A ses pieds, des chats, de nuances diverses, feront le gros dos, levant la queue et miaulant. Une perruche sera placée sur la tête, d'autant plus qu'il descend d'une perruche qui ne savait que deux mots, et ses goûts de luxure et de gourmandise montrent que l'ami des chats hérita de l'amour de l'action que ces mots représentaient. Placés à ses côtés les sermons de l'Arétin, avec lesquels il paye son écot chez ceux qui le gardent à leur table. Sur la base du monument, un caducée et une lanterne sans lumière indiqueront ses talents auprès de Mme Espion et de Mercure. Le frontispice portera en or massif l'inscription : *Au grand Moncrif;* car reniant son père et ses créanciers, il ne s'appelle plus Paradis. Comme aux catins ainsi qu'aux déserteurs, il sied aux gens de lettres de changer de nom. Moncrif aura pour historiographe son diminutif, Beauchamps [1], « canard qui piaffe dans sa mare et romancier soporatif ».

Le chevalier de La Serre [2], qualifié de « mauvais

---

1. Pierre-François Godard de Beauchamps (1680-1761), auteur dramatique, romancier et traducteur d'Eustathe de Constantinople et de Prodrome.

2. Jean-Louis-Ignace de La Serre, sieur de Langlade (1662-

poète et très mauvais musicien », est breveté
en 1730 *chevalier des Latrines*. Ce personnage
était chevalier de Saint-Jean de Latran.

> Quand je dis chevalier romain,
> J'entends de Latran ou latrin,
> Disons trine pour le vulgaire,
> Portant papier blanc au Saint-Père
> Quand il veut aller à la chaire,
> Non pas chaire de vérité,
> Mais chaire de commodité.

De l'autre chevalerie la Calotte prononce la dé-
chéance, et désormais La Serre ne sera qualifié
que de chevalier Torchec... Afin qu'il se fasse
bien venir des calottins, défense lui est faite de
rimer, alors même qu'Apollon viendrait l'animer
de son feu. Mais comme ce barbouilleur ne fut
jamais caressé du dieu du Parnasse, s'il veut pincer
de la lyre, on devra le huer et le berner. Qu'il
n'aille pas davantage dorénavant faire de la musique, froide, sèche, étique. Ces abus étant réformés, à tous calottins La Serre frottera le derrière ;
il observera la qualité de torchec.. de la Calotte,
et il sera ainsi respecté en tous lieux. Comme

1756), a donné des opéras aussi nombreux que médiocres, dont
Scanderberg avec La Motte. Il est moins connu comme littérateur que comme amant de Mlle de Lussan.

pension, il lui est alloué 6,000 livres sur les parfums des cassolettes que conduisent les gadouards. « Fait après le coucher du soleil, la lune montrant demi-face. »

Jean Dumas d'Aigueberre, conseiller au Parlement de Toulouse, s'avisa de faire jouer *le Prince de Noisy*, comédie héroïque.

Le conseil d'état d'Apollon (5 novembre 1730) supprima cette comédie : l'esprit général de cet ouvrage étant d'attaquer les premiers principes du bon sens et de diminuer le respect du public pour le vrai comique. De plus, l'auteur avait avancé que le public devait tranquillement écouter toutes les sottises d'un auteur. D'Aigueberre ne travaillera dorénavant que pour les marionnettes de Bienfait.

Voilà pour l'Académie. Si la Calotte critiqua les littérateurs qui lui paraissaient faire tort au génie français, elle ne ménagea pas ses sarcasmes aux pédants de lettres étrangers, aux officines littéraires, aux fameux compilateurs originaires de Hollande ou y réfugiés. Elle servit à ces derniers un fort morceau, bien spirituel, mais d'une digestion difficile pour eux. Ce sont les quatre *dialogues,* ou plutôt une comédie en quatre scènes dont l'action a lieu au Parnasse. Ces dialogues sont

dirigés contre quelques auteurs d'ouvrages hasar-
dés, sans aucune érudition, rédigés à l'aide de
dictionnaires et autres compilations semblables, si
utiles à ceux qui vivent d'une plume mercenaire.

PREMIER DIALOGUE.

CLITON[1], PHILARGYRE[2], LE CHEVALIER DE PIO...[3],
LE CHEVALIER DES ESTROUS[4].

Cliton veut franchir l'entrée du Parnasse. Pégase, présentant sa croupe, lâche quelques péta-
rades au nez de l'intrus, qui se détourne en jurant
et de nouveau veut forcer la porte, se disant
« corps de réserve d'Apollon, gendarmerie de
Minerve, mousquetaires de Mercure, dragons de
Melpomène ». Un suisse du Parnasse en doute.
Philargyre réplique qu'il a fait en six mois l'*Histoire du règne de Louis XIV* et traduit les comédies de Plaute grâce à d'anciennes traductions
qu'il a rajeunies. Le belliqueux Piossens engage

---

1. Antoine-Auguste Bruzen de La Martinière (1683-1749).

2. Henri-Philippe de Limiers, mort à Utrecht en 1725.

3. Le chevalier de Piossens. — *Mémoires sur la régence de
M. le duc d'Orléans;* Amsterdam, 1739; 3 vol. in-12.

4. Jean Rousset de Missy (1686-1762), historiographe du
prince d'Orange.

alors à briser la porte, que Cliton cherche à enfoncer à coups de volumes in-folio [1].

Un messager d'Apollon s'approche, demande la cause du tumulte et engage les « calottins aventuriers » à se rendre auprès du dieu. Ce qui est accepté. En ce moment un bel esprit se présente envoyé par le souverain du Parnasse et sollicite connaissance des plaintes. Le chevalier des Estrous postule l'admission dans l'empire des belles-lettres et que des terres leur soient assignées, où ils puissent vivre honorablement et à loisir regratter toutes sortes de vieux ouvrages. Les aventuriers offrent même de rendre la légèreté à des milliers de pensées que l'âge a rendues pesantes et que le temps a usées, ainsi que de compiler sur un sujet quelconque. Le bel esprit trouve l'offre acceptable, mais les auteurs ne craindraient-ils point de passer pour plagiaires et de mauvaise foi ? Rousset réplique que le public est revenu de ces ridicules préjugés et qu'il lui faut de la nouveauté, qui ne s'obtient qu'en ressuscitant du vieux. Le bel esprit : « Le pays du ridicule est d'une étendue immense. Vous méritez d'y vivre, Messieurs. On vous y assignera des terres. » C'est la moralité du premier dialogue.

---

1. Son *Dictionnaire géographique, historique et critique.*

IIe DIALOGUE.

Minerve, Momus, l'Ignorance.

Minerve se plaint à l'Ignorance de l'envahissement du Parnasse par des écrivains à jargon obscur, à phrases grossières. De La Haye y viennent des sots, Amsterdam envoie ses ignares, Paris ses badauds. L'Ignorance réplique que l'étude de la sagesse est une étude frivole, qu'elle, Ignorance, hait les sciences et les arts. Seule, sans remords, elle fait agir les croyants et aveugle ceux qui voient :

> De l'homme contre Dieu j'arrête la licence ;
> Je fais régner les rois et maintiens leur puissance...

« J'avoue, dit Minerve, que vous formez des tyrans et des cagots. »

IIIᵉ DIALOGUE.

ESTROUS, CLITON, ORBILIUS [1], CRISALERUS [2], ECHALPE [3], LE CHEVALIER DE LIXÉES [4].

Estrous, Cliton, Orbilius, Crisalerus, attendent l'entrée du Parnasse et causent entre eux. Parlant à Cliton, Estrous assure que sa réputation ne lui échappera jamais : « Le public n'a pas oublié les coups de bâton que j'ai reçus pour l'amour de lui, pas plus que les libraires ne perdront le souvenir de ce que j'ai sué pour leur fournir des maculatures. Aujourd'hui, avec une impatience légitime, les épiciers attendent le beau papier sur lequel je dois barbouiller le cérémonial de l'Europe. — Ah ! c'est donc vous, reprend Cliton, qui travaillez à cette compilation, et pour cela on vous a associé un savant [5] dont vous allez illustrer le nom ? — Je

---

1. Platel, qui a publié, en 1740, une édition du Moréri en 8 volumes in-folio. Il y refondit le premier supplément de Goujet et ajouta différents articles nouveaux.
2. Isaac Sacrelaire (1680-1745), médecin, traducteur, l'un des rédacteurs du *Journal littéraire*.
3. Armand Boisbeleau de La Chapelle (1676-1746), pasteur de l'Église wallonne à La Haye et grand ennemi de Jacques Saurin.
4. L'abbé Prévost d'Exiles, l'auteur de *Manon Lescaut*.
5. Jean Barbeyrac (1674-1744), jurisconsulte et érudit.

souhaite, dit à son tour Orbilius, que cette illustration soit aussi glorieuse que mon travail le sera à l'abbé [1] qui prête son nom à ce grand ouvrage que j'ai médité en donnant le fouet à mes écoliers. » On voit alors se renouveler la scène de Vadius et de Trissotin. Chacun est gonflé de son mérite. Crisalerus prétend que c'est à lui que les auteurs devront l'immortalité; La Chapelle s'engage à lancer des anathèmes contre les ennemis des calottins aventuriers.

Tout essoufflé, le chevalier de Lixées arrive et présente sa traduction du Talmud. On lui objecte qu'il ne sait pas l'hébreu. « En vérité, on peut tout oser après les ouvrages que j'ai mis au jour.

Mon génie est sans borne, et ma plume infaillible.

— En effet, dit Philargyre, il n'appartient qu'aux grands génies de badiner en produisant des chefs-d'œuvre. — C'est vrai, répond Prévost. — Mais, réplique Philargyre, croyez-moi. Tâchez de plaire aux personnages bien en cour, et vous aurez un éditeur. Opposez à la raison une babillarde ignorance; c'est le seul moyen de réussir. Effacez de vos esprits ces idées frivoles de réputa-

---

1. Moréri.

tion et d'immortalité littéraires; ne travaillez pas pour la gloire, mais pour les écus. »

A ce moment on les introduit chez Apollon.

IVe DIALOGUE.

Les mêmes, Apollon, la Vérité, Momus, des Rupes[1], Belfor[2], Falevo[3], etc.

Apollon demande à Philargyre ce qu'il sollicite. Celui-ci fait avancer un portefaix pliant sous le poids de ses ouvrages et dit : « Ceci plaide pour moi. » Quelles terres lui assigner? — Vers l'oubli, dit la Vérité.

Pendant l'audience qu'Apollon donne à Philargyre, Cliton s'est fait apporter du vin; il boit avec Bacchus, dont il est un des adorateurs zélés; avec Cursor[4], qui soutient que la bonne critique ne vient que dans l'ivresse; des Rupes, qu'on engage à passer de l'histoire de Danemark à l'histoire

---

1. Jean-Baptiste Desroches, mort en 1766, collaborateur de La Martinière, auteur d'une *Histoire de Suède* d'après Pufendorf, d'une *Histoire de Danemark* et d'une *Histoire de la Pologne sous Auguste II.*

2. Antoine de La Barre de Beaumarchais, mort en 1750, frère du membre de l'Académie des Inscriptions.

3. Le baron de Walef, gentilhomme liégeois. Ses œuvres choisies ont été publiées à Liège, en 1779, par de Villenfagne.

4. Le rédacteur d'un méchant journal intitulé *le Courrier.*

iroquoise; Belfor, Spicator [1], qui font un certain tapage de leurs personnes et de leurs écrits. Apollon les trouve assez réjouissants et assigne leurs revenus sur les foires, voulant que seuls ils amusent le peuple. « C'est bien, dit Momus, mais il en reste tant encore que je les prends sous ma charge, tel, entre autres, Falevo. » La séance est remise au lendemain.

A ce moment fait irruption une troupe de pédants armés de verges et de férules, qui arrogamment s'avancent vers Momus. Celui-ci les repousse, se moque et des traductions et des noms en *us* de Vicinus (Burman), Westerhovius, Verbugius, Havercampius (Havercamp), Nasutus, Oldendorpius (Oudendorp), et congédie tout le monde.

Tels sont les dialogues dans l'édition de 1739. Le recueil de 1725 n'en contient que trois un peu différents dans le fond et dans la forme.

Au premier dialogue, les aventuriers veulent forcer la porte du Parnasse. Cliton est à leur tête, et un chevalier les excite. Le bel esprit aussi se présente, mais, cette fois, c'est un académicien. Le chevalier de Conbanez [2] fait la même demande

---

1. Le rédacteur du *Glaneur*.
2. Aurait publié une édition de Bayle et donné ou promis

que d'Estrous. L'académicien répond que l'on se plaint assez vivement des plagiaires. Conbanez réplique qu'un plagiaire ingénieux est utile au Parnasse; et pourrait-on éviter de l'être avec tant d'auteurs qui dĕjà ont écrit? En vérité, l'on ne peut que copier Bayle. « Parfaitement; allez en Hollande offrir vos services aux libraires de cette contrée. — Notre crédit y chancelle; on ne veut plus être la dupe de nos grands noms. — Que dites-vous? Vous couriez donc le pays avec des noms d'emprunt? — Sans doute pour nous mieux faire valoir. » Même moralité qu'au premier dialogue de 1739.

IIᵉ DIALOGUE.

Apollon, Momus, Bacchus.

Apollon déclare que son alliance avec Momus doit être inviolable, mais que la conduite des aventuriers est indigne. Au lieu de se présenter comme alliés, ils avaient à leur tête deux chefs armés de lourdes masses qu'ils appelaient « ouvrages d'esprit ». Cela leur donnait un air ennemi. « Mais quels sont ces chefs? demande Momus.

---

une *Introduction à l'Histoire littéraire,* des *Dissertations* et une *Histoire critique.*

— Cliton et Philargyre. — Le premier, reprend
Momus, se contentera de quelques dignités imaginaires accompagnées de pots de vin. Quant à
Philargyre, son désir est de faire partie de quelque société littéraire ; malheureusement les places
sont prises. Envoyons-le à l'Académie des Terres
australes. — Voilà les chefs satisfaits, objecte Mercure ; mais les soldats ? — Donnons-leur des terres
sur les frontières du Parnasse et de la Calotte,
avec droit de bourgeoisie en l'un et l'autre État.
— J'y consentirais, dit Apollon ; mais ces demi-
littérateurs sont libertins ; mauvaise est leur réputation ; ni Muses, ni Sciences, ni Minerve même,
ne seraient avec eux en sûreté. — On dit aussi,
reprend Mercure, que ceux d'entre eux qui font le
commerce le ruinent. Ils vendent frauduleusement
et à tout prix. Souvent ils se font payer une mar-
chandise qu'ils ne livrent point, d'autres fois la
livraison est de mauvaise qualité ; encore, ils ob-
tiennent des souscriptions sur un échantillon superbe d'une mauvaise pièce, que, de plus, le
malheureux souscripteur attend dix ans ; même ils
livrent l'étiquette d'une œuvre qui ne doit jamais
voir le jour : avis de l'envoi est donné, et les auteurs tirent à vue. Que pensez-vous de cela, Minerve ? — Il est malheureux que de telles gens aient
pu se rendre assez puissants pour oser demander

des privilèges. Cédez, le mal est fait ; donnez des terres ou des privilèges, mais défiez-vous d'eux et mettez la Poésie et l'Histoire à l'abri de leurs insultes. »

Apollon ordonne d'introduire les chefs des aventuriers ainsi que les officiers de marque.

IIIᵉ DIALOGUE.

En attendant l'audience, Cliton et Philargyre causent entre eux. Cliton prétend qu'on leur donne le titre de Fondateur des sciences, et Philargyre soutient qu'il n'est pas nécessaire d'entendre la langue que l'on veut traduire. « Si cela était, dit-il, aurais-je donné pour coup d'essai une traduction en dix volumes qui ne m'a coûté que six semaines ? Je me suis fait de puissants amis par ma souplesse. Je n'ai rien épargné pour avaler des couleuvres sans les sentir ; surtout je n'ai pas été avare de louanges. »

On les introduit chez Apollon. Même scène entre celui-ci et Philargyre ; même scène d'ivresse de Cliton. Sur la demande de la Vérité, qui reconnaît qu'il ne manque pas d'esprit, mais ajoute qu'il en fait un usage illégitime, Cliton n'est pas admis. Bacchus le prend sous sa protection. Curieux de voir de près les figures, Apollon approche le flambeau de la Vérité. De suite, le fard « épais et grossier » des calottins aventuriers disparaît. Le dieu du Parnasse les repousse. Momus leur accorde asile et prie qu'on veuille bien autoriser le chevalier de Conbanez à entrer; après quoi l'audience sera levée.

Admis, Conbanez présente des titres qui justifient ses droits et sollicite l'autorisation de les faire valoir. Le censeur du Parnasse lit : *Supplément au Dictionnaire de Bayle; Dissertations; Introduction à l'histoire littéraire; Histoire critique.* Tous ces titres sont fort beaux, mais ce ne sont que des titres; il faut des moyens pour les faire valoir. Voyant que cette affaire sera d'une discussion difficile, on assigne à Conbanez des revenus sur les terres de la Calotte. Le reste de l'audience est remis au lendemain.

De ces critiques, les unes sont justes, les autres quelque peu forcées. Sur certains de ces auteurs ridiculisés la postérité n'a pas les mêmes opinions que la Calotte. Il faut le dire, si la satire est vraie en principe, les querelles entre catholiques et protestants envenimaient les critiques et sont cause que la plaisanterie outrée dépasse le but. Ces Hollandais, bafoués, — à juste titre ou non, je ne m'en fais point juge, — sont quelques-uns de ces grands protestants que la révocation de l'édit de Nantes chassa de France et qui durent chercher à l'étranger un asile et une liberté de conscience que la patrie leur refusait.

Les beaux esprits hollandais méritèrent, en outre, qu'un arrêt fût rendu pour les recevoir dans les troupes de la Calotte en qualité d'*auxiliaires*.

Nous avons appris, dit l'arrêt, que les États de Hollande peuvent fournir plus de soldats que la légende ne compte de saints ; que leurs milices auxiliaires ont résisté aux subtilités étrangères ; que depuis nombre d'années on y fabrique faux brillant, clinquant, oripeau ; que, sans avoir recours aux autres nations, ils ont leurs barbouilleurs propres, grossiers rimailleurs et plats bouffons, fabricants de livres à la douzaine et de brochures par centaines, en quoi la Calotte admire leur talent. Vu le brouillard et les exhalaisons bourbeuses de ces pays marécageux, qui souvent offusquent à la fois l'esprit et le jugement, les beaux esprits hollandais sont admis comme forains. Demeurent chargés des enrôlements : Valef, faux saunier de sel attique, poëte, traducteur, philosophe, le tout à dix florins la feuille ; Saint-Philip, auteur du *Je ne sais quoi*, recueil de bons mots de ces beaux esprits marécageux ; le lexicographe La Martinière ; les très révérends anonymes illustrissimes compilateurs du *Journal de Wetstein* [1]. Ces enrôleurs en chef ont l'autorisation de s'adjoindre qui ils voudront, mais qu'ils ne se cabalent pas contre le Souverain-Pontife. Cependant, ils peuvent maintes fois parler mystiquement aux dévots et aux dévotes calvinistes, et d'obscurités consolantes nourrir les âmes des protestants wallons,

Peuple saintement idiot.

Comme Saurin [2] n'est plus, La Chapelle fera les fonctions de chapelain. Qu'on ne lui désobéisse pas sous prétexte qu'étant né pour la chaire il reçoit une charge en quelque sorte militaire ! Comme son zèle est un zèle guerrier, La Chapelle fera le double métier de prêtre et de soldat.

L'honneur que la Calotte leur fit valut à ces beaux esprits rédacteurs du nouveau *Journal littéraire* un compliment pour leur admission dans le régiment. L'orateur de la Calotte les félicite de ce que le choix de Momus permet de remplacer les illustres anonymes que la fureur des

---

1. Jean-Henry Wetstein (1649-1726), célèbre imprimeur, érudit.

2. Jacques Saurin (1677-1730), pasteur de l'église wallonne de Londres, puis ministre extraordinaire des nobles à La Haye; le premier des orateurs protestants.

épiciers a rapidement enlevés. On pleure encore la perte d'ouvrages précieux monuments de leur mérite. Le souvenir seul en demeure, souvenir que n'ont pu achever de détruire l'ignorance et le mauvais goût des admirateurs de Bayle, Leclerc [1] et Beauval. « Souvenez-vous que l'honneur que l'on vous fait vous engage à les suivre, à les imiter, à les surpasser. Trimestriellement et avec précision du reste, vous tenez au courant des détails de ces progrès. Votre ironie délicate nous est encore une garantie. Aussi bien à ces talents vous joignez une incomparable modestie, une pénétration excellente, une parfaite connaissance de tout ce qui s'est passé de plus glorieux au monde depuis Adam. »

La réponse au nom du *Journal littéraire* ne se fit point attendre. Elle est composée avec des belgicismes et des expressions d'un français douteux prises dans ledit journal. Celui-ci est confus des louanges qu'on lui adresse. Les rédacteurs aussi pleurent de voir les monuments de leurs prédécesseurs servir à faire des cornets ou des sacs de papier, et travailleront à réparer cette perte.

---

1. Jean Leclerc (1657-1736), savant critique et théologien. A publié : *Bibliothèque universelle, Bibliothèque choisie* et *Bibliothèque ancienne et moderne,* œuvres considérables qui eurent un grand succès.

Torsac était mort. Il fut résolu de prononcer un éloge historique du défunt généralissime. Cette oraison funèbre, qui fut imprimée, fit beaucoup de bruit. Composée avec des phrases les plus mauvaises des *Lettres du chevalier d'Her****, de la *Pluralité des mondes,* de harangues académiques, des éloges de Fontenelle, cousues adroitement, cette pièce était une satire fort juste du style précieux et affecté que quelques membres de l'Académie cherchaient depuis plus de vingt ans à mettre à la mode. Cela naturellement ne plut pas à tout le monde, principalement aux auteurs qui prêtaient au ridicule. On trouva le moyen de faire interdire l'*Éloge historique de Torsac*, et les exemplaires furent saisis.

A cette nouvelle, Aimon courut chez le maréchal de Villars. « Monseigneur, dit-il, depuis qu'Alexandre et César sont morts, nous ne reconnaissons d'autre protecteur de notre régiment que vous. » Aimon fit ensuite connaître au maréchal la persécution qu'éprouvait l'*Éloge de Torsac,* alors que le garde des sceaux en avait lui-même par écrit autorisé l'impression, et lui demanda ses bons offices. Villars rit de la sollicitation ; le lendemain il en parla à Fleuriau d'Armenonville. « Que voulez-vous que je fasse ? dit ce dernier. — Ce qu'il vous plaira, répondit le ma-

réchal, vous êtes le maître. — Eh bien! je
trouve à propos de ne me point brouiller avec
ces messieurs. Allez donc, continua le garde
des sceaux en s'adressant à Aimon, qui était présent; je vous donne mainlevée de la saisie de
l'oraison funèbre de notre colonel. » Aussitôt
Aimon courut, triomphant, annoncer cette nouvelle au libraire, et les exemplaires saisis furent
rendus.

L'orateur de la Calotte, en débutant, prit « un
grain de ce sel attique qui seul préserve l'éloquence
de corruption » [1]. « Mon silence déroberait trop de
richesses à la postérité. » L'orateur ne « parle
pas de ses parens [de Torsac], ni de la noblesse
de ses ancêtres ; ses grandes actions lui ont rendu
cette généalogie assez inutile ». Par « l'insoin » de
la sage-femme les sutures du cerveau de Torsac
étaient séparées. On le guérit, mais « il en fut absolument muet jusqu'à l'âge de cinq ans par l'embarras des organes de la voix qui ne commen-
cèrent à se désobstruer qu'en ce temps-là et n'ont
jamais été bien libres. » Il peinait à parler, « ce
qui pouvoit venir aussi de ce qu'il pensoit trop et
que la dose des choses qu'il avoit dans sa tête y

---

1. Les phrases guillemetées sont des citations d'éloges ou
d'œuvres de Fontenelle et de La Motte, où puisa l'auteur de
l'éloge de Torsac.

étoit beaucoup trop forte par rapport à la dose des
paroles... Cette suspension jusqu'à l'âge de cinq
ans lui épargna tous les discours inutiles de l'en-
fance, mais sans doute l'obligea-t-elle à penser
davantage. Il construisoit de petits moulins ; il
faisoit des siphons avec des chalumeaux de paille,
des jets d'eau, et il étoit l'ingénieur des autres
enfans... Il n'avoit pas de goûts foibles ni de
demi-volontés. »

« Il est des hochets pour tout âge. » Sa curiosité
et son génie « tournèrent ses appétits vers des ali-
mens plus solides... Il eut bien une autre idée
des puces et des papillons, dès qu'il les eut vus
par le microscope... ; il examina les petites in-
dustries des abeilles, des araignées, des fourmis... ;
un insecte le touchoit plus que toute l'histoire
grecque et romaine ». Plus tard « on le surprenoit
se dérobant de son lit et passant quelquefois de
belles nuits dans le jardin de son père, couché
sur le dos, pour y contempler la beauté d'un ciel
bien étoilé : spectacle, en effet, auquel il est éton-
nant que la force même de l'habitude puisse nous
rendre si peu sensibles ».

« Ses parens ne se contentèrent pas de lui faire
apprendre le latin et le grec ; ils y joignirent le
dessin, la musique, les instrumens, qui n'entrent
que dans les éducations les plus somptueuses et

qu'on ne regarde que trop comme d'agréables superfluités... On lui fit passer en revue les Homère, les Cicéron, les Virgile et tous les auteurs
de l'antiquité, qui ne le touchèrent pas. Arrivé en
philosophie, par hasard Cyrano de Bergerac s'y
présenta avec son *Voyage dans la lune*; il se
jeta sur ce livre, le dévora... Jusque-là sa curiosité inquiète n'avoit fait que voltiger; la sympa-
thie n'avoit pas joué; l'unisson n'y étoit pas;
mais dès qu'il eut ouvert le livre,... il fut frappé
comme d'une lumière qui en sortit toute nouvelle à ses yeux; de la ténébreuse philosophie il
fut tout à coup transporté à la source d'une philosophie lumineuse et brillante; là il vit tout
changer de face : un nouvel univers lui fut dévoilé... Il lisoit avec un tel transport qu'il lui en
prenoit des tressaillemens et des battemens de
cœur qui l'obligeoient d'interrompre sa lecture;
l'invisible et inutile vérité n'est pas accoutumée
à trouver tant de sensibilité parmi les hommes. »

« Tout ce qu'il pouvoit dérober au sommeil, sa
passion dominante le prenoit, et l'on sait que les
passions font toujours leur part assez bonne.» Pour
lui le soleil n'était « qu'une de ces beautés brillantes qui éblouissent les yeux sans passer jusqu'au
cœur. La beauté du jour est une beauté blonde,
mais la beauté de la nuit est une beauté brune qui

est plus touchante. Elle favorise un certain désordre de pensées où l'on ne tombe point sans plaisir..., une certaine liquéfaction intérieure qui, s'épanchant dans l'homme tout entier, relâche toutes les puissances de son âme, et produit une douce langueur qui tient quelque chose de l'extase... J'aime la lune; je lui sais bon gré de nous être restée lorsque les autres planètes nous abandonnoient pour le système de Copernic. »

A seize ans, Torsac sentit « le germe des passions qui emploient contre nous des armes dont la piqûre chatouille plus qu'elle ne blesse ». Il fut touché d'une beauté qu'il voulut épouser à première vue; mais « elle fut découverte pour n'être pas d'une taille irréprochable ». Torsac prit congé d'elle : « Vous avez fait, dit-il, aller dans la lune tous les soupirs qu'on vous a adressés, et c'est de quoi faire dans cette planète un amas considérable. Ce qui s'envole dans la lune ne se rattrape pas quand on veut. »

Le futur général de la Calotte prit alors le parti des armes. Cornette de cavalerie, il chercha à se singulariser. « Si son esprit ne pouvoit se contenir dans ses rives..., son courage se trouvoit trop resserré par les bornes de son devoir. » « Sage téméraire », rien ne l'arrêta. « Quiconque cherche dans le service des occasions où son devoir ne l'appelle pas sait assez qu'il ne suffiroit pas d'y bien faire. »

« Chatouilleux sur le point d'honneur », doué d'« une sensibilité presque superstitieuse », d'« une superstition audacieuse », il savait que « la vertu n'est qu'un instinct heureux et si prompt qu'il prévient la raison et peut se passer d'elle ». Mais « il arriva qu'une vertu fut trahie par une autre ». Torsac reçut une blessure dans une action où « il s'engagea avec le courage de Christophe Colomb et en eut aussi le succès ». Enfin, sa valeur fut telle, que « l'esprit s'y perd et s'y confond ». Eloquence et poésie « sont opprimées ici sous la gloire d'un sujet qui surmonte le bien-dire..., ressemblent aux courbes qui ont des asymptotes... Tout ce qui convient à un autre, quel qu'il puisse être, ne peut [lui] convenir, et nous pouvons dire de lui comme Chrysippe de la lune : Bien qu'elle soit entre les autres planètes, elle est seule. »

Devenu capitaine de cavalerie, puis de carabiniers, une année où son régiment ne faisait pas campagne, Torsac « demanda à servir sur mer sans quitter pourtant le service de terre : espèce d'amphibie guerrier, qui vouloit partager sa vie et ses triomphes entre l'un et l'autre élément ».

« Dès que la guerre ne le partagea plus, les arts et les sciences en profitèrent... Il faut avouer que la nation françoise, aussi polie qu'aucune nation, est encore dans cette espèce de barbarie, qu'elle doute si le bel esprit ne déroge point, et s'il n'est pas plus noble de ne rien savoir ». Torsac ne pensait pas ainsi. Il fit sympathiser « l'ancienne antipathie des lettres avec les armes et avec la Cour... Ses ouvrages ne seront pas d'un médiocre goût pour la postérité..., justement épouvantée de ses lumières ».

Au régiment de la Calotte, il entra dans la brigade des Puristes et « s'en ouvrit les portes par cette douce violence que le mérite fait à l'honneur ». Comme surintendant des finances, « son avare prodigalité » excitait « l'économie ingénieuse et inventive ». « Il y avoit beaucoup de prudence et de bon ménage dans cet épanchement libéral. » Exempt des gardes du roi, de la Cour il abhorrait « ce monotonisme fatigant de compliments et de louanges..., ces éloges bassement circonspects qui craignent d'en trop dire... Il eut toujours pour la vérité une passion presque imprudente et incapable de ménagements... Introducteur de la Vérité..., d'une orgueilleuse naïveté..., il tranchoit les questions... ; mais ce décideur étoit aussi un habile décideur », s'exposant « aux bourrasques de la Cour..., aux redoutables ironies du courtisan oisif ». Il ne voulait pas que lui vînt « la fortune par le chemin d'une assiduité muette ».

Torsac possédait un cheval qui « qui faisoit tout ce qu'il pouvoit pour se rendre inutile ». Il le dompta en le chargeant d'un poids énorme. Cependant, il abandonna son équipage en route pour « voyager en botaniste, c'est-à-dire à pied. Il n'eut garde de ne pas mettre le chemin à profit... pour épier la pudibonde nature qui se cache et la surprendre sur le fait ».

Mais ce qui décida de la vocation de Torsac fut son élévation aux fonctions de généralissime de la Calotte. Il se défendit de l'honneur qui lui était fait. « A quel honneur m'appelez-vous aujourd'hui, Messieurs, répondoit-il, et qui suis-je pour présider entre les parfaits...? Je demeure effrayé de mon propre vide... Mon ressentiment se trouve étouffé sous son propre excès... Que dirai-je à ceux qui m'ont déjà enlevé tout ce que j'aurois dû leur dire?... En parlant de mon indignité pour relever la grandeur de votre bienfait, ne semble-t-il pas que j'ôte à votre jugement ce que je donne à votre indulgence, et que je viens faire ici votre apologie au lieu de vous faire mon compliment?... N'attendez que des sentimens et permettez au cœur d'acquitter l'esprit... Jugez de ma sensibilité par la confusion de mes idées... Le désordre où me jette l'honneur que vous m'avez fait est le plus fidèle interprète des sentimens que vos bontés m'inspirent. » Cette modestie n'était pas de commande. Le généralissime « depuis n'a jamais paru dans les assemblées sans y apporter une modestie flatteuse, et cependant accompagnée de dignité ».

D'abord, il mit fin à la guerre intestine entre les *Antimomes* et les *Moriphiles*. Les premiers étaient « tombés en de si déplorables défaillances, que ceux mêmes qui louent leur éloquence ont pitié de leur langueur..., sécheresse dogmatique, qui éclaire inutilement, puisqu'elle ne touche pas... ; un feu semblable à la flamme de l'esprit-de-vin, qui s'évapore et qui est trop subtile pour consumer des matières solides ». Des Moriphiles, au contraire, les pensées « partent d'abord d'une grande universalité qui en est comme le tronc, et ensuite se divisent, se subdivisent et se ramifient presque à l'infini ».

Afin de pacifier les esprits, Torsac rendit un arrêt. Le droit de créer des langues et de forger des mots est accordé par Momus ; la Calotte les enfante, le hasard les nourrit, l'usage les élève, « ce tyran des langues vivantes qui a droit de vie, de mort et de résurrection sur tous les mots ». « Il défend expressément et nommément aux faux sauniers de sel attique de faire passer des mots nouveaux dans le langage françois en fraudant la gabelle de Momus ; ordonne confiscation à l'avenir de tout livre où l'auteur osera céder à l'instinct superbe d'être tout à fait original, sans se soumettre auparavant au domaine du régiment, souverain seigneur de tous les originaux du monde ; que leurs livres soient mis à l'index de nos livres prohibés, pour en être extrait tous les mots et phrases originales qui passeront désormais au profit du langage et du style des calottins, pour en user comme d'un bien à eux appartenant. Que si, malgré la défense, quelque auteur avoit la témérité d'en introduire sans le visa du sieur de Saint-Martin, lieutenant-colonel du régiment, commissaire du Conseil à l'exécution des présentes, permis aux communes de la Calotte de courre sus, de les saisir, huer, berner, bistourner ; défendant à toutes sociétés exemptes ou non exemptes de les protéger ou leur donner asile, sous peine d'être déclarées ennemies du peuple calottin ; et à l'égard desdites confiscations du faux sel attique tant en livres qu'en phrases ou termes nouvellement forgés, le Conseil du régiment a ordonné que la moitié en seroit applicable à l'Hôpital général des pauvres de génie qui ne peuvent subsister que par les phrases et les mots, et qu'il seroit distribué à chaque pauvre pour sa subsistance une demi-pensée par jour,

infusée dans trois pintes de verbiage, avec des
fleurs de rhétorique et quelques racines grecques
et latines. »

Dans la partie de l'éloge de Torsac où nous
voici parvenu, se trouvent les critiques les plus
satiriques du style des beaux esprits et de l'éloquence de l'époque. Jusqu'ici les auteurs de l'é-
loge avaient cousu des phrases curieuses prises
au hasard ; maintenant ils donnent des préceptes
qu'ils prêtent au défunt généralissime, épris « de
ce goût du beau et de l'exquis, qui fait sentir tous
les autres biens et qui assaisonne jusqu'à l'abondance même » ; personne n'écrivant « d'un style
plus agréablement frivole... C'est le cœur qui
parle à chaque ligne ; l'esprit s'y confond avec la
naïveté, et le sentiment dans une foule de beautés
originales ».

« Ce héros vivoit pendant la paix comme auroit fait un César oisif... Il recueillit les lettres
errantes, éplorées, orphelines, éperdues... Il mé-
ditoit je ne sais quoi de plus grand que n'ont jamais conçu tous les Mécènes en faveur des Muses
polies. »

« Dans ce prytanée des belles et bonnes lettres...,
les savans devenoient polis et les polis devenoient
savans : tout s'y passoit dans une sincère correspondance de véritable fraternité... Chacun entroit

dans ce musée pour s'y décharger en commun des trésors qu'il avoit recueillis dans ses études particulières ; il s'y formoit comme un cercle brillant, où plusieurs pensées, comme autant de lignes de lumière, venant à se réunir en un point, se réfléchissoient après sur le public. »

Torsac, « de cervelle profonde », joignait aux « libéralités excitatives » les « exemples émulatifs ». Sur son visage, toujours « cette sérénité majestueuse, cette splendeur aimable..., cette gravité douce et cette auguste affabilité qui enhardit le respect sans l'affoiblir... ; car il étoit doux quoique sujet à des colères..., qui prenoient leur source dans le propre tempérament de son enthousiasme..., mais à ces colères succédoient toujours une petite honte et un repentir gai ».

« Ses attendrissemens n'étoient pas des foiblesses..., mais ses délassemens étoient des divertissemens d'enfant, et c'étoit par une raison très digne d'un philosophe qu'il y recherchoit cette puérilité honteuse en apparence... La conversation jetoit dans son âme des germes de pensées que ses méditations faisoient éclore et qui rapportaient au centuple... Que si quelquefois il n'enfantoit pas heureusement ses idées, du moins il savoit faire accoucher ses auditeurs des vérités cachées qui étoient en eux... Il fait pleuvoir une rosée de lumière sur ceux qui sont couchés dans les ténèbres. »

Mais n'abusons point. Comme toutes choses bonnes en soi, la patience doit avoir ses limites. Et pourtant... Aussi me tiendrai-je strictement dans ce qui a trait à la critique du style.

« Aux nouveaux héros de l'empire des lettres », Torsac recommande l'emploi du *Combien* et comme exemple : « Combien de victoires signalées ! dit-il, combien de paix ! combien d'entreprises ! combien de succès ! combien de grandeur ! combien de bontés ! » Tant il aimait le combien. Il déclarait que les beaux esprits doivent parler une langue « inintelligible aux illettrés... Le nectar doit distiller de leurs lèvres non moins abondamment que des lèvres mellifues du Nestor d'Homère... ; leur style noble et léger doit ressembler à la démarche de ces divinités fabuleuses, qui couloient dans les airs sans poser le pied sur la terre ».

Il préconisa certaines expressions ; il s'en fit l'apôtre. Un cadran doit s'appeler un « greffier solaire » ; l'exploit, « un compliment timbré » ; l'oiselier, « un marchand de ramages » ; une grosse rave, « un phénomène potager » ; les tracasseries du ménage deviennent « béatilles de l'hymen » ; un confident, c'est « l'avocat consultant des tendres cœurs » ; le renard, il le qualifie de « Pythagore à longue queue [1] ».

« Grand marieur de mots..., grand artisan de la parole », Torsac donnait l'exemple. Un orateur de la Calotte avait inséré dans un discours cette phrase : « L'expérience dépend moins du nombre des années que du nombre des réflexions. » Le généralissime la trouva trop simple et la changea : « Le redoublement des ans, dit-il, fournit moins à l'expérience que la fréquence des réflexions. »

Son épouse ayant dit un jour qu'elle allait se promener à la promenade, Torsac bondit devant ce « pléonasme décidé ». Une autre fois, il voulut chasser son fermier. Celui-ci s'était permis d'écrire tout naturellement : « Le froid a gelé nos blés, et les chaleurs de la canicule ont brûlé nos vignes. » Le généralissime revint cependant sur sa décision. Dans une seconde lettre, le fermier eut le bon goût de dire : « Le froid dévorant a brûlé

---

1. Expressions des *Fables nouvelles* de La Motte, sur lesquelles courut ce quatrain :

Je te rends ton livre, Mélite ;
Quoique fort long, je l'ai tout lu.
Si tu veux que nous soyons quittes,
Rends-moi le temps que j'ai perdu.

nos moissons..., et l'ardeur de la canicule a gelé nos vendanges et pétrifié nos raisins. »

Enfin, posait-il en principe, « nous n'admettons point un vrai trivial, et une clarté trop familière ; nous voulons un vrai de recherche, une clarté élégante..., une naïveté fine,... des mots lumineux..., de grands coups de pathétique », des pronoms exclamatifs, des antithèses paradoxales. Voilà comment s'embellit « le doux tissu de nos discours ».

Je m'arrête. « Une espèce de fatalité veut qu'on se mette presque toujours en trop grands frais pour les recherches les plus simples ; et il y a peu de génies heureusement avares qui n'y fassent que la dépense absolument nécessaire ; ce n'est pas qu'il ne faille de la richesse et de l'abondance pour fournir aux dépenses inutiles ; mais il y a plus d'art à les éviter, et même plus de véritable richesse [1]. »

Voilà le Torsac militaire et littérateur ; il reste à faire connaître le Torsac amoureux : « le sommeil entroit dans ses yeux, et jamais dans son cœur ». Il suffira de citer la lettre suivante, écrite à une veuve qu'il aimait. Il devait alors aban-

---

1. FONTENELLE, *Éloge du Marquis de L'Hôpital.*

donner les bosquets fleuris de Cythère pour les champs arides de Mars [1].

« Je demande pardon au roi et à ma patrie du regret que j'ai d'aller trouver mon régiment, mais je vous laisse, Madame, avec un rival qui va représenter sur votre cœur tout ce que nous allons faire dans les Pays-Bas : assauts, embuscades, surprises. Quand nous aurons bien pris des villes, j'y suis peut-être pour la vingt-millième partie ; mais quand, à mon retour, je trouverai votre cœur pris, j'y suis tout entier. La *Gazette* vous parlera souvent de moi, mais le malheur est que je ne pourrai pas faire mettre mes soupirs dans la *Gazette*. Il me semble qu'il y a un fort mauvais ordre pour les amans qui vont à la guerre ; le roi donne à ceux qui ont des dettes, de certaines lettres d'État qui arrêtent les poursuites de leurs créanciers, tandis qu'ils sont au service ; et ne devroit-il pas y avoir aussi pour les amans des lettres d'État ? On revient chez soi après avoir exposé sa vie pour son prince, et l'on trouve une infidèle de la façon d'un homme de robe ou d'un citadin : c'est un grand désagrément dans le service ; et quand messieurs les ministres

---

1. Cette lettre figure dans l'éloge de Torsac et a été composée avec les *Lettres du chevalier d'Her ***, de Fontenelle.

y auront pensé, ils y remédieront. Les belles
voudront s'y opposer, mais n'importe ; le bien public doit l'emporter, le roi en sera mieux servi, et
je vais inspirer cette pensée aux Puissances, après
quoi je vous obligerai bien à m'être fidèle en
vertu d'une déclaration du roi, puisque vous ne
voulez pas l'être naturellement [1].

« Vous le savez, Madame, je ne suis pas des
plus aimables, mais je suis des plus délicats ;
votre nom est écrit en grosses lettres sur mon
cœur, et il m'est venu une petite imagination pour
orner votre tableau qui doit me suivre à l'armée.
Je vous fais peindre en Iroquoise ; et comme les
Iroquoises, aussi bien que messieurs leurs maris,
mangent volontiers de la chair humaine, il ne
sera pas mal de mettre devant vous une douzaine
ou deux de cœurs, dont vous mangerez quelqu'un par manière d'amusement ; cela s'accor-
dera avec la figure iroquoise que vous aurez, et
avec votre caractère. Voilà, Madame, tout ce que
j'ai pu trouver de plus galant ; je vous avouerai
que je suis fort content de l'invention, qui est
particulière.

« Au reste, je viens d'apprendre que vous étiez

----

1. Copiée textuellement sur la lettre 57, 2e partie.

Les autres passages ont été pris dans les lettres 1, 7, 9, 10,
15, 16, 26, 34, de la 1re partie, et 40, 44, 49, de la 2e partie.

parfaitement guérie de votre écorchure ; je ne
m'attendois pas que dans les endroits écorchés il
dût jamais revenir une si belle peau : la nature
pouvoit-elle rencontrer deux fois de suite à faire
une peau ? Non, Madame, la nature ne comporte
point cela ; je crois, Dieu me pardonne, que si
vous aviez perdu un œil, il vous en reviendroit à
la place un autre aussi beau, et il me prend envie
de l'éprouver ; mais rassurez-vous, mes yeux ne
vous verront que pour vous dire adieu en m'en
allant à l'armée, et je vous avertis qu'en ce moment il me prendra comme une paralysie d'esprit qui m'en ôtera l'usage ; j'aurai des vertiges,
la tête me tournera, et je demeurerai court devant
vous sans pouvoir dire à peine quatre paroles.

« Je m'attends bien dans mon voyage de semer
toute ma route de soupirs qui retourneront sur
mes pas, et de m'entretenir avec votre idée pu-
rifiée de vos défauts ; je me divertirai en la tu-
toyant ; je lui dirai mille fois : « Quand te re-
« verrai-je ?... Quand m'aimeras-tu ? » N'en soyez
pas scandalisée ; il est une certaine friponnerie
établie en amour ; d'ailleurs, votre idée m'est devenue familière.

« Vous êtes trop occupée par je ne sais combien
d'autres soupirans, et je n'espère être aimé que
quand je n'aurai plus de rivaux à craindre ; pour

cela j'ai jugé plus à propos de vous garder mon
amour. J'attendrai quinze ou vingt ans, si vous
voulez; je tiendrai mes soins et mes vœux tout
prêts pour quand vous me ferez signe que je
commence; je me passerai à un peu moins d'éclat
que vous n'en avez aujourd'hui; aussi bien il y a
beaucoup de superflu dans votre beauté. Je ne veux
que le nécessaire, qui vous restera toujours quand
la jeunesse n'y sera plus, au départ des grâces qui
rient et des amours qui folâtrent. Alors votre destinée dépendra de moi, vous vous gendarmerez;
votre vertu fera son tintamarre; toute votre bile
amoureuse se répandra sans péril sur moi qui n'en
ai point; mais je ferai partir des rossignols qui
vous enfonceront la tendresse dans l'âme; et il
n'y aura rien à quoi je ne vous contraigne en vous
mettant au lieu de poignard l'extrait de votre
baptême sur la gorge.

« Adieu, Madame, jusqu'à nos amours. »

Ce ne sera pas le mot, mais la lettre de la fin.

VI

REVUE DU RÉGIMENT

N ous qui, ne vivant pas au temps d'Aimon, ne craignons pas sa réplique à Louis XIV, formons la haie et assistons au défilé du régiment.

Mais quel est ce bruit? Qui crie ainsi : Place! C'est Parisifontaine [1], lieutenant des gardes du corps, *chef de la brigade des coureurs*, vieillard de soixante-quatre ans, ainsi gratifié pour avoir parié qu'il battrait à la course Montesson [2], enseigne des gardes, âgé de vingt-huit ans. Les rôles

---

1. Antoine Le Maire de Boulan de Parisifontaine (1657-1721), lieutenant des gardes du corps et maréchal de camp.
2. Charles, chevalier de Montesson (1688-1758), enseigne aux gardes en 1717, lieutenant général en 1738. A commandé la maison du roi à Fontenoy, Raucoux et Laufeld.

sont renversés dans le brevet. Selon lui, Montesson est un jeune téméraire qui a osé porter pareil défi, et qui, après avoir obtenu une dispense d'âge, fut honteusement battu [1]. Comme marque symbolique de sa vitesse et de sa légèreté, Parisifontaine porte au bonnet une tortue d'or en relief.

Chapeaux bas : les généraux Aimon et Torsac, et le lieutenant-colonel Saint-Martin.

Saint-Martin, brave officier aux gardes françaises, croyait bénévolement que bien faire son service lui attirerait avancement et croix, alors qu'il faut être mari complaisant, que

> C'est par ce seul canal qu'à présent la fortune
> Chez les plus haut huppés à la cour s'introduit.

Cette primitive naïveté méritait bien le grade qu'on lui décerna et le buste que le régiment lui fit ériger.

---

1. Il s'agissait, pour Parisifontaine, d'arriver en courant au pont tournant des Tuileries avant Montesson. Ses forces n'égalèrent point son courage ; il perdit le souffle dès le début.

La course eut lieu en présence d'officiers des gardes du corps. Le signal fut donné par La Billarderie, chef de brigade et commandeur de Saint-Louis, assisté comme juge par Plantis, aide-major. Ce dernier est qualifié *grand maréchal des carrousels de la Calotte*, et La Billarderie, de licencié en l'Université de Bulle, du village où il avait fait ses études.

Derrière eux marche le duc de Nevers [1], *grand écuyer du régiment.*

Il a ordre de bien ménager sa vie

> Et la préserver des hasards
> Qu'on court à la suite de Mars.

Peut-être sa tenue est peu correcte, mais comme il osait se présenter dans les appartements de la reine d'Espagne, sans épée, sans chapeau, sans perruque et en bonnet, il a permission dans son service à la Calotte de se dispenser

> De porter gants, chapeau, perruque.

Voici Falconet [2], *grand médecin du régiment,* attendu

> Que jamais il n'a fait de cure
> Contre l'ordre de la nature.

A ses côtés se tient Vinache [3], inventeur d'un

---

1. Philippe-Jules-François Mazarini-Mancini, duc de Nivernais et Donziais, pair de France, prince de Vergagne et du Saint-Empire, grand d'Espagne, noble vénitien, gouverneur et lieutenant général du Nivernais et Donziais, grand écuyer de la reine d'Espagne, né à Venise le 4 octobre 1676, marié en juin 1709 à Marie-Anne Spinola.

2. Camille Falconet (1671-1762), membre de l'Académie des Inscriptions.

3. Médecin empirique fort à la mode, aux soins de qui Voltaire se confia.

élixir bon à tout, comme nos modernes *Pastilles helvétiques* donnent de l'appétit à ceux qui n'en ont pas et le retirent à ceux qui en ont, créé *médecin de hasard*, consentant que

> Cet habile fondeur de bronze
> S'enrichisse à fondre le sang.

L'apothicaire Balin, *médecin ordinaire*, sur la parfaite suffisance qu'il a de l'art de *purgare, seignare, clisterisare*. Il porte la robe fourrée, et par elle il a pleins pouvoirs de parler grec sans le connaître et de tuer impunément les gens.... partout ailleurs qu'au régiment.

Besse, *premier médecin en survivance*. Sa rhétorique ne distillait aucun sel attique ; il était parfaitement inconnu dans l'école d'Hippocrate, malgré les morts que son opiat avait fait partir de Saint-Cyr. Le motif de ce brevet fut que Besse médecin du commun de Saint-Cyr en 1700 et de Versailles en 1711, réclama en 1724 une pension, qu'il obtint, pour le dédommager des frais de ses examens d'agrégation.

Les *consultants* sont Vinache, déjà nommé, Vilars et Cigone.

Puis la *vivandière*, l'abbesse Morin, qu'un duc et pair fit déchoir du rang de vestale.

Derrière, en tête de sa gracieuse troupe, la Fillon, « abbesse des sœurs de l'ordre de Vénus », dit une calottine, la Fillon, *chef du bataillon des Vestales et Vivandières*. Elle mérita cet honneur

> Par sa manière très civile
> A prêter ses appartemens
> A quantité d'honnêtes gens
> Tant de l'un que de l'autre sexe.

Le brevet l'appelle la « Présidente ». Voici ce qui donna naissance à ce surnom. Mme Fillon, femme d'un président au parlement de Rennes assez connu en province, était venue à Paris pour affaires. Des jeunes gens, croyant être chez l'appareilleuse, courtisèrent plus que galamment la présidente. Bien qu'elle n'appartînt pas à la rue Fromenteau, elle se laissait faire quand elle vit que c'était pour de bon.

La Fillon est assistée du sieur Antoine Jacques,

> Médecin en titre d'office
> De tout frère, abbesse et novice
> Et vestale du régiment.

Dans sa thèse de doctorat, Jacques soutenait qu'au point de vue de la santé, les rapports des deux sexes étaient salutaires et même nécessaires.

Cette calottine fait allusion aux mœurs des moines et recommande à Jacques

> De ne point prêcher sur les toits
> Sa doctrine ni la pratique
> D'un si souverain spécifique,
> De peur que le corps monacal,
> Qui dans toutes choses excède,
> Ne rendît un pareil remède
> Bien plus dangereux que le mal.

Après le bataillon des vivandières, la marquise de La Vrillière [1], *chef des Coquettes*, présidente, grande prêtresse et gouvernante des jeunes gens qui sacrifient à Cypris, abbesse de tous les couvents de Paphos. Elle a droit de visite sur toutes celles que leur zèle engage à se mettre en religion et à faire leurs dévotions selon le rit de Vénus.

La marquise,

> Au désespoir d'entendre dire
> Que Louis quinze, notre sire,
> Du beau sexe fait peu de cas,
> Était venue avec audace

---

1. Françoise de Mailly, femme de Louis Phélipeaux de La Vrillière, secrétaire d'État, décédé en 1725. Elle se remaria, en 1731, au duc de Mazarin, et devint dame d'atours de la reine, dont elle gouverna l'esprit timide.

S'offrir devant toute la Cour
Pour lui montrer le jeu d'amour.

Ce qu'elle fit au voyage de Chantilly (juin 1724)[1].
La duchesse d'Épernon[2] n'est qu'en expectative.

Sur la foi de votre vertu,
Combien de fois avez-vous cru
Être à l'abri de la Calotte?
Vous êtes sage à contre-temps,
C'est assez pour le régiment.

Mme de Belloy, *héroïne des femmes et filles du régiment*. Le sieur Julien, fermier du tabac, était

---

1. Son but était, paraît-il, de faire obtenir à son mari le titre de duc. Le chansonnier disait à ce propos :

> *Par l'épée ou par le fourreau*
> *Devenir duc est toujours beau;*
> *Il n'importe de la manière.*
> *Bien des maris sont convaincus*
> *D'être authentiquement cocus,*
> *Et de duchés ne tâtent guère.*
> *Laire lan laire.*

2. Françoise-Gillonne de Montmorency-Luxembourg, mariée en 1722 à Louis de Pardaillan (1707-1743), d'abord marquis de Gondrin, ensuite duc et pair, en 1724, sous le nom et le titre de duc d'Épernon, puis duc d'Antin en 1736, gouverneur géné- ral de l'Orléanais et gouverneur particulier d'Amboise, surin- tendant des bâtiments du roi et maréchal de camp.

On avait pensé à la duchesse d'Épernon pour rendre au roi le service dont la marquise de La Vrillière s'acquitta si spon- tanément; mais celle-ci était femme d'expérience, dit Barbier, et celle-là trop novice.

venu chez elle, deux pistolets à la main, lui demander des explications quelque peu vives sur des propos qu'elle avait tenus à son égard. Mme de Belloy se jeta sur Julien, le désarma et de plus le contraignit à lui faire des excuses à genoux, et ce en présence du commissaire au Châtelet, Trony des Landes.

Place à l'*ingénieur en chef* Thomas [1] et à ses *aides* La Chaumette et Dardalière.

Le premier,

> Homme d'esprit supérieur
> A rendre très sûrs et sensibles
> Les projets les plus impossibles,
> Comme de tirer le canon
> Sans user ni poudre ni plomb;
> De construire place assez bonne
> Pour se défendre sans personne;
> De rétablir le Pont-Euxin.

Dardalière est chargé de détruire, à force de

---

1. François Thomas, ingénieur-machiniste du roi. Il était établi en Lorraine et fut demandé par plusieurs souverains, qui ne cessèrent de chercher à l'attirer auprès d'eux en lui promettant le grade de lieutenant général d'artillerie et 20,000 livres de pension. Thomas préféra le service de France. Il servit à l'armée d'Espagne, qu'il approvisionna d'eau lorsque le duc d'Orléans la commanda. Une pension de 4,000 livres lui fut allouée pour l'invention de nouveaux canons dont l'essai eut lieu à ses frais, à Metz, en 1715; deux années après, il inventa un nouveau genre de mortier de 24.

mines ou de bras, les œuvres calottines qui n'auraient pas un fondement solide.

Quant à La Chaumette [1], inventeur, paraît-il,
d'un

> Secret au moins aussi savant,
> Que sont les chariots à vent
> Et les carrosses inversables,

si les généraux de la Calotte vivaient aujour-
d'hui, ils lui retireraient ses fonctions. Les canons se chargeant par la culasse sont maintenant
une réalité.

Ces gens à mine sinistre qui marchent avec un
appareil lugubre, c'est le *tribunal du régiment*.
Hérault, lieutenant général de police, est à la fois
chef de ce tribunal et chef de la police calottine.
Hérault,

> Non pas héros, foudre de guerre,
> Mais Hérault, nom sonnant moins haut,
> Diminutif de pauvre hère,

---

1. Comme Thomas, La Chaumette était ingénieur-machiniste
du roi. Il avait passé avec le marquis de Chamillart, secrétaire
d'État de la guerre, un marché pour la fourniture d'armes dont
la dépense était de plus de 80,000 livres. Pour lui tenir lieu
d'indemnité pour le bris et la rupture de ses armes, on lui
octroya une pension de 1,000 livres. Mais La Chaumette avait
emprunté les 80,000 livres de son marché ; il dut fuir devant
ses créanciers et passa en Angleterre, laissant à Paris sa femme
dans la misère.

Constipé, dur, atrabilaire,
Cerveau creux, niche de chimère,
Hypocondre, surtout lunaire.

Cette création d'un tribunal peut paraître extraordinaire en un tel corps, mais Momus était per-
suadé qu'il n'était aucun pays

Où l'on ne trouve en son enceinte
Gens vivant d'adresse et de feinte,
Jésuites, prêtres, capucins,
Procureurs, greffiers et romains.

Le *procureur général* est Moriau [1],

D'autant plus sévère au fripon
Qu'il voudroit seul être larron.

Composent le tribunal : Ventroux,

Qui sait trouver dans un écrit
Ce que jamais l'auteur n'y mit ;

Farcy,

Froid poète et mauvais raillard ;

Josse,

Plus efflanqué que maigre rosse,
Mêmes faits toujours rebattant ;

---

1. Procureur du roi au Châtelet.
Les mésaventures conjugales de Moriau, qu'il ébruita maladroitement, divertirent beaucoup le public en 1737. Voir ci-
dessus, page 104.

La Vergne,

> Courant garces en tous quartiers;
> Qui vient sans pudeur, sans prudence,
> Ou bien dormir à l'audience,
> Ou bien, une pince à la main,
> Piler son poil de maroquin;

Le Rat,

> Plus épais que bête de somme,
> Fait comme une enseigne à fripier;

Le Beuf[1],

> Qui ne parle jamais plus net
> Que lorsqu'il parle du bonnet;
> Sa langue étant embarrassée
> Autant et plus que sa pensée.

Le tribunal doit juger les calottins à sa fantaisie.

Immédiatement derrière viennent le *lieutenant civil* d'Argouges de Fleury;

Ravot d'Ombreval, *commis à la police de la milice calottine* comme argousil de galère, ayant ministère de battre;

---

1. Ventroux, Farcy, Josse, La Vergne, Le Rat et Le Beuf étaient conseillers au Châtelet de Paris.

Les conseillers Icard et Barangue sont aussi visés; Icard en expectative.

Enfin, le *maître des hautes œuvres*, Le Pelletier des Forts, avec La Porte [1] et Senozan [2], ses *valets*.

Voici les brigades. Elles ont à leur tête le P. Bridaine [3], *grand recruteur du régiment*. Bridaine est demeuré célèbre par les nombreuses missions qu'il prêcha ; ce furent ces missions qui le firent agréger à la Calotte. Lorsqu'il parlait dans les villages, il faisait placer des toiles devant les fenêtres de l'église afin d'intercepter le jour ; sa voix était terrible et sonnante ; il dressait devant ses auditeurs un diable vert ou frappait leurs esprits par d'autres procédés de même nature : l'ancien comédien de campagne perçait sous la soutane. Le résultat, paraît-il, était qu'à la suite des sermons du P. Bridaine, de nombreux cas d'aliénation mentale se déclaraient. A Montpellier, en 1740, avant la mission qui donna lieu au brevet, l'hôpital ne renfermait presque plus de

---

1. Fermier général.

2. François Olivier, dit de Senozan, fils d'un marchand de Lyon, chevalier de Saint-Michel, intendant général des affaires du clergé.

3. Jacques Bridaine (1701-1767), considéré aujourd'hui comme un des orateurs sacrés les plus éloquents. A Montpellier, on trouva ses sermons vides de sens, remplis de paroles basses et mal arrangés, et ses retraites « scandaleuses par des détails sur la matière de l'impureté qui ont révolté les oreilles les plus profanes ».

fous. Après, il fut rempli subitement ; même la police dut faire construire de nouvelles loges.

Brigade des Ménétriers : elle a le prince de Conti pour chef. Butier en fait partie, Butier,

> Dont les récits comme les chœurs
> Firent bâiller les spectateurs
> Tout au moins cinq heures entières.

Mais comme le mérite d'amuser les gens est plus commun, Butier reçoit une pension de 6,000 fr., à se faire payer

> Sur les gens qui sans s'ennuyer
> Pourront se résoudre à l'entendre.

Près Butier, Bourgeois, *maître de musique.* Il est chargé de composer un corps harmonique où les haute-contre s'égosillent et chantent en chœur des clameurs de haro. On choisit Bourgeois, parce qu'en sa tête la ronde et la double croche, le bémol et le dièze se débattaient avec la quinte ; les oreilles lui en tintaient et sa raison déménageait. Il fera des airs, mais point sur les vers de l'Académie ou les odes de La Motte ; car les coq-à-l'âne de Gratelard se prêteraient mieux à l'harmonie.

La *brigade des Audacieux* a le maréchal de Villars à sa tête. Depuis qu'Alexandre et César étaient morts, la Calotte ne reconnaissait pas d'autre protecteur que le vainqueur de Denain.

Troisième brigade : *Importants,*

> Gens pleins de vent et de fumée
> Qui jettent de la poudre aux yeux.

Quatrième brigade : *Gladiateurs.* Amédée-Paul-Achille de Saint-Martin, commandant et lieutenant-colonel du régiment.

Cinquième brigade : *Chevaliers errants.* Lieutenant, Bessonneau [1].

Sixième brigade : *Déréglés.*

MAXIMES DE LA BRIGADE.

> Pécunieux point ne seras
> De fait ni de consentement ;

> Pouce de terre tu n'auras
> Qu'au jour de ton enterrement ;

> Tes père et mère honoreras
> Avec désintéressement ;

> Et rien d'eux tu n'hériteras
> Que de l'appétit seulement ;

> De ton vivant tu ne feras
> Aucun contrat ni testament ;

> Papier timbré tu n'embleras
> Ni retiendras à ton escient ;

---

1. « Officier d'infanterie. — A cause de longs et périlleux voyages entre Versailles et Orléans (1726). » (MAUREPAS).

A tes héritiers laisseras
Ton exemple et tes ossemens ;

Point de débiteurs tu n'auras,
Mais des créanciers seulement ;

Et tes créanciers tu paieras
D'un grand merci très humblement ;

Du bien d'autrui te serviras
Afin de vivre longuement ;

Petite chambre habiteras
Qui fera tout ton logement ;

Aucun meuble tu n'y mettras
Qu'un lit de l'Ancien Testament ;

Et que vieille chaise à bras
Qui te servira d'aisement.

Septième brigade : *Mécontents*. Chef en expectative, Duquesnoy. Après avoir longtemps refusé
tout emploi et médit de l'hyménée, Duquesnoy
avait acheté 600,000 livres la charge de receveur
général des finances de la généralité de Montauban et réclamait une épouse à cor et à cri. On
ne doutait pas qu'il ne regrettât un jour ses sages
idées d'autrefois ; on voulut lui assurer une place
dans la Calotte.

Huitième brigade : *Ennuyeux*. Le marquis de Sourches [1].

Les *auxiliaires d'Espagne* sont dirigés par M. de Wélande, officier aux gardes wallonnes, sous la haute autorité du duc de Riperda, *régent de la Calotte en Ibérie* et premier ministre, dont les extravagances diplomatiques et mercantiles sont finement satirisées.

A côté des Espagnols marchent les beaux esprits hollandais,

> Barbouilleurs,
> Plats bouffons, grossiers rimailleurs,
> Faiseurs de livres par douzaines
> Et de brochures par centaines.

Le lecteur a déjà fait connaissance avec eux, du reste.

Voici le menu fretin : La Faye, *fripon en titre d'office;* Oppenor, *contrôleur général des bâtiments du régiment,* à cause du bon goût et de la solidité de ses édifices, d'autant plus qu'Oppenor

> N'a jamais imité personne
> Comme nul ne l'imitera.

---

1. Louis du Bouchet, marquis de Sourches, comte de Montsoreau, prévôt de l'hôtel du roi et grand prévôt de France en 1719, puis lieutenant général.

Il avait construit pour Crozat, frère du trésorier de l'ordre du Saint-Esprit, un salon dont la
chute, le jour qu'on l'étrenna, tua ou estropia
dix à douze personnes.

Grout[1], *commissaire-inspecteur en Bretagne*,

> Dont le discours à l'entrée
> Du seigneur maréchal d'Estrée,
> Fut d'un tour si vif et si beau
> Et si brillant et si nouveau,
> Que ledit seigneur et sa femme
> En firent tirer une rame
> A l'usage du cabinet
> Où tout pareil œuvre se met.

Le *correcteur des pages,* Desfossez, avertisseur chez le roi,

> Pour avoir eu jadis l'honneur
> D'être fouetté pour Monseigneur,
> Lequel, par pitié pour ses fesses,
> En prince royal et sensé,
> Lui fit de très grandes largesses
> Dans un âge plus avancé.

On lui décerne ce brevet de correcteur des
pages,

> Afin que par droit d'équité,

---

1. Procureur de l'amirauté à Saint-Malo.

> Après avoir été fouetté,
> Il puisse aussi fouetter les autres [1].

Potra, *impertinent au premier chef,* pour avoir bâti, contigu au château de la Muette, un palais destiné à sa maîtresse.

Reposons nos yeux sur cette marmaille, doux espoir de l'avenir. C'est la progéniture de Daubergue, *les enfants nés du régiment.* Le jour de son mariage, au lieu de la pièce d'argent que l'on appelait la « dot », Daubergue offre à sa future le médaillon de la Calotte. Le prêtre [2] prend le médaillon, le bénit, dit les oremus et le présente gravement à l'épousée. Celle-ci, innocente, de rougir, prenant cette médaille pour un priape.

Tout ceci serait égaré sans l'excellente pensée d'avoir choisi le cardinal de Bissy pour *archiviste du régiment.* A juste titre, Aimon et Saint-Martin pensèrent que son zèle à quêter des témoignages pour la bulle *Unigenitus,* les nombreux cartons et les longs *errata* de ses mandements fe-

----

1.   *Ordonnons qu'en ses armoiries*
Il porte des verges en pal,
En champ de gueule et champ royal,
Chargé de papillons sans nombre.
Entendons que son gros fessier,
Sous un panache faisant ombre,
Serve de timbre à son cimier.

2. L'abbé La Brue, curé de Saint-Germain-l'Auxerrois.

raient que le cardinal collectionnerait avec soin les pièces de la Calotte et en tiendrait un registre *ne varietur*. En outre, ses vertus étaient, paraît-il, de trouver le grand dans le petit nombre et de savoir montrer que l'on possède ce qui suffit lorsque le nécessaire manque. Le Gras, greffier de l'artillerie, à

> Prud'homie
> De toute malice ennemie,

est le *greffier plumitif*.

A Bissy, il est juste d'associer l'abbé de Livry [1], *antiquaire de la Calotte* et surtout Berger de Charency [2], *garde des manuscrits*. En décembre 1740, ce prélat venait de publier comme livre nouveau un écrit qui circulait depuis plus de quatre-vingts ans. Même dans le titre : *Lettre circulaire aux disciples de saint Augustin,* il crut voir le secret des Jansénistes. Il avait trouvé cette lettre dans les papiers d'un bon curé de campagne appelant, et il s'empressa de la faire imprimer sous le titre de *Constitution et Secret du Jansénisme.* Chez Jacques Gros, notaire, fut déposée la copie de la

---

1. Abbé de Saint-Sernin et de Fontenay, ancien ambassadeur en Portugal.

2. Georges-Lazare Berger de Charency, évêque de Saint-Papoul en 1735 et de Montpellier de 1738 à 1748.

lettre ainsi que deux autres pièces écrites de la main du curé, afin que tous et chacun pussent les voir pendant un mois, les comparer et se convaincre de ses propres yeux. Comme cet écrit était de la main d'un appelant, c'est un ouvrage de parti et par là le secret des Jansénistes enfin est dévoilé ! Cependant, Pascal dans sa XVe provinciale donne comme auteur de la pièce le P. Megnière, jésuite; Arnauld en parle dans le *Procès des Calomnies,* tome VIII, de la *Morale pratique;* l'abbé de Marandé l'a inséré dans son *État présent du Jansénisme,* imprimé en 1654.

C'est cet ouvrage que Berger de Charency venait donner comme tout nouveau. Il l'avait agrémenté de notes critiques de sa composition, et orné d'une lettre pastorale, prologue de 40 pages in-4°. La publication fut cause du brevet.

Bientôt la bibliothèque de la Calotte, avec tous les mandements des évêques, surtout ceux de Berger, vaudra celle du Vatican, et l'on ne saura plus où la loger. Pour maintenir la gloire d'un établissement aussi magnifique, on crut qu'il fallait y annexer un cabinet des manuscrits dont la beauté, jointe à la rareté, égalerait leur authenticité. Connaissant la science, le goût exquis de Berger de Charency qui n'avait point de pair pour découvrir sur son titre un manuscrit original, le déchiffrer sans interprète, le corriger doctement et l'agrémenter de gloses, notes ou variantes, la Calotte créa le prélat garde de ses manuscrits. Qu'à sa diligence, soit opérée par le royaume la recherche de tous les papiers anciens dont les jésuites leurrent les jeunes écoliers [1], tels que les actes et mémoire de Bourfontaine, de Douai, et ces autres vieilles histoires que l'on a maintes fois bafouées. A cesdites paperasses une place brillante sera donnée dans le recueil du régiment. Les manuscrits seront préparés par l'abbé du Pra [2].

La Calotte délègue à l'évêque de Montpellier 100,000 livres à prendre sur la vente du volume des « Compliments ». Allusion au compliment que les trésoriers de France au bureau de Montpellier avaient fait au prélat : « Nous venons, Monsieur, de la part du roi, pour vous faire notre compliment, au sujet de votre exaltation à l'évêché de Montpellier. » Les trésoriers se retirent après avoir fait une légère inclination. Berger fermait les yeux pour être plus attentif et répondre

---

1. « Le P. Dabaret, jésuite, lut, en 1708, en pleine classe, la *Lettre circulaire*, et plusieurs de ses écoliers la copièrent. » (MAUREPAS.)

2. Vice-gérant de Berger. On l'accusait de faux pour avoir signé une ordonnance autrement qu'il ne l'avait prononcée.

avec justesse aux éloges qu'il se flattait de recevoir. N'entendant plus parler, il lève les yeux et voit la salle vide. Tout troublé, il demande où sont les trésoriers et court pour les aller querir, mais en vain. Même le magistrat qui portait la parole avait ordre de sa compagnie, au cas où l'évêque les prierait à dîner, de répondre au laquais chargé de la commission : « Va-t'en dire à ton maître que, comme il n'y a point d'ordre du roi de dîner chez lui, il ne nous attende pas. »

Comme archiviste, la Calotte a fait bon choix. Si l'on défalque Piron, elle est mal servie comme *orateurs*. D'abord l'évêque de Nîmes, Jean-César Rousseau de La Parisière,

> Car, dès qu'il commence à parler,...
> Le mot sur ses lèvres expire.

Puis l'abbé de Vayrac[1], *chancelier et secrétaire du régiment*. On ne doutait pas qu'il ne s'acquittât des oraisons funèbres avec autant d'esprit et de finesse qu'il en fit admirer dans le panégyrique de saint Louis : *Siluit, optime fecit.*

La revue est terminée. Si elle a été bien con-

---

1. Jean de Vayrac, abbé de Cahors, littérateur, philologue et historien.

duite ou si elle a été mal dirigée, que louange ou blâme aillent à l'abbé Languet de Gergi, curé de Saint-Sulpice, *maître des cérémonies du régiment,* à cause du ridicule de ses préparatifs pour la procession, ainsi que d'autres folies. Afin de se procurer de l'argent pour la construction de son église, il faisait pieusement le couvert dans les maisons où il dînait. Il employa également à cet effet des moyens inavouables, qui jetèrent alors sur le clergé une certaine déconsidération. C'est lui qui, pour remercier Piron de l'ode où il célébrait la construction de Saint-Sulpice, l'invita à choisir dans cette église un lieu particulier pour sa sépulture. « Monsieur le curé, répliqua Piron, sensible à la politesse, mais étourdi du propos, souffrez que je ne choisisse le lieu de ma sépulture que lorsque j'aurai fait votre épitaphe. »

Languet a comme *adjoint* Judinville-Boucot, receveur général de la ville de Paris.

VII

PENSIONS DU RÉGIMENT

JE me suis attaché à donner une physionomie générale du régiment de la Calotte. Pour terminer, je dirai quelques mots des pensions que les régents octroyaient, afin de permettre aux membres de la Calotte de soutenir dignement le rang qu'ils occupaient dans la facétieuse milice.

Généralement les pensions étaient assignées sur les brouillards du pays qu'habitait la personne brevetée. Si la législation actuelle avait été alors en vigueur, on pourrait dire que c'était par application de la disposition légale qui déclare les pensions insaisissables. Les régents de la Calotte se trouvent donc avoir l'honneur d'être des précurseurs.

Quelques-unes des pensions, — un certain nombre même, — forment des satires, comme, du reste, tout ce qui avait trait à la Calotte. Sous une forme facétieuse et plaisantine, le régiment de la Calotte était une véritable satire des mœurs, du gouvernement, du langage ; mais point une satire à la Boileau, guindée, encorsetée, le cou emprisonné dans un vaste faux-col et cravatée de blanc.

Ces airs de puritanisme souvent cachent une impuissance ou des goûts plus que libertins. Ils ne seyaient ni aux ministres de Momus ni au XVIIIe siècle. Si la satire est mordante en plus d'un endroit, elle est bon enfant ; elle plaisante quelquefois fort vertement, mais elle est Régence, c'est-à-dire polie, spirituelle, parfois même licencieuse. C'est une application des meilleures du *Castigat ridendo mores.*

La règle était, disais-je, d'assigner les pensions sur les brouillards, fonds vaste, à l'abri des déficits. Assurément c'est pour justifier cette règle qu'il y eut de si nombreuses exceptions. Il est reconnu que sans ces dernières une règle n'existerait pas. Puis, il en est des exceptions comme du galon, on n'en saurait trop prendre, précisément à l'effet de rappeler qu'une règle est là pour ne pas l'appliquer.

Voici d'abord d'Argenson, *garde des sceaux du régiment*, qui reçoit

> Trente mille livres de rente
> Sur la vapeur qui sortira
> De la cire qu'on chauffera
> Pour sceller édit et patente.

Ensuite Baslin [1], autrefois notaire de Law, alors *tabellion de la Calotte*, comme entendu dans les affaires ; preuve, les cinq ou six millions que le Système lui fit gagner, au grand regret de ses confrères moins habiles. Il a pour appointements deux mille écus tournois sur la fumée à provenir des holocaustes de billets de la Banque.

A Falconnet, *grand médecin*,

> Quatre mille livres par mois
> A prendre sur la vapeur fine,
> Très connue en la médecine,
> Qui s'exhale sur le chemin
> Depuis la Villette à Pantin.

Boudin, *assesseur* de Falconnet, a la même pension sur les vapeurs de Montfaucon.

---

1. « Ce Baslin était un fort adroit personnage ; dans les contrats de rente viagère que Law faisait à des particuliers, il n'exprimait jamais dans l'acte la somme en vertu de laquelle la rente était constituée ; de là une infinité de procès qui s'ensuivirent. » (*Mémoires de Maurepas.*)

L'indemnité de là Morin consiste en

> Mille livres sur la fumée,
> Poussière et brouillard qu'en été
> Cause la marche d'une armée.

En sa qualité de *chef du bataillon des Vestales et Vivandières,* la présidente Fillon reçoit deux mille écus sur les esprits et vapeurs qui sortent du mercure. La comédienne Desmare et Baron eurent leurs pensions liquidées sur les brouhahas du parterre et les claquements des mains. On donne à Duquesnoy, *chef de la brigade des Mécontents,*

> Mille écus sur les affinages
> Qu'un ministre fait chaque jour
> Avec eau bénite de cour ;

à Thomas, *premier ingénieur*, deux mille écus sur les effets de ces projets immenses qui ne produisent que de l'eau claire. On concède à La Chaumette, *second ingénieur*, trois mille francs de gages à percevoir sur les vents qui sortent de vessies enflées et ne donnent que billevesées. La pension suivante est donnée sur les brouillards ; mais comme elle est allouée à La Faye, *fripon en titre d'office*, on la lui octroie sur les

> Brouillards du pays normand
> Où tenir parole et serment
> Est une méthode abusive.

Paccini, Italien de la musique du roi, s'était vanté ; c'était un fanfaron de libertinage. On accepta son dire ; on le commit

Expressément
Pour soulager l'ardeur brûlante
Des vestales du régiment,

en lui appliquant ces vers de la VIe satire de Juvénal :

Sunt quas eunuchi imbelles ac mollia semper
Oscula delectent,...

et lui déléguant

Pour tout salaire
Le profit revenant aux gens
Qui, travaillant pendant longtemps,
Ne font pourtant que de l'eau claire.

Gacon, l'abbé Gacon, prieur de Baillon, est l'auteur de cette pièce. Le facétieux abbé va même jusqu'à recommander à Paccini, s'il veut conserver sa voix, de ne point

Si fort courir les Pays-Bas.

Mⁿᵍ de Fleury, en quittant l'évêché de Fréjus, publia que ses infirmités l'empêchaient d'avoir soin de son troupeau, et que sa conscience le contraignait à donner sa démission. Lorsqu'on le créa *primat de l'église militante,* il reçut pour ses honoraires cent mille francs, à prélever sur le doux encens du panégyrique que l'Académie ne devait pas manquer de faire de la modération de Mgr de Fleury. Il renonçait à l'archevêché de Reims, mais n'acceptait-il point l'abbaye de Saint-Étienne de Caen, bénéfice simple de soixante-dix mille livres de rente? La pension ne fut pas d'un grand rapport, si l'encens s'exhala de ce panégyrique aussi peu que de cette épitaphe anticipée que la Calotte fit au cardinal :

> Du passé conservant un léger souvenir,
> Ébloui du présent, sans percer l'avenir,
> Dans l'art de gouverner décrépit et novice,
> Punissant la vertu, récompensant le vice,
> Fourbe dans le petit et dupe dans le grand :
> Tel fut ce cardinal accablé de son rang.
> On connaît à ces traits, sans qu'ici l'on le nomme,
> Le maître de la France et l'esclave de Rome.

Antoine Jacques, *médecin de la brigade des Vestales,* dont il a déjà été parlé, qui donnait contre le priapisme un anodin aussi excellent que naturel, a pour ses salaires

> Les regrets et les repentirs
> Des martyres et des martyrs
> Sous le joug de vœux téméraires.

Encore un médecin, Vinache, *empirique.* A

lui pour profits et honoraires les chansons, louanges, panégyriques, etc., dévolus aux empiriques ; mais on lui défend de rechercher la fixation du mercure, le régiment devant être toujours en mouvement. Landivisiau avait le commandement sur la musique et la danse sérieuses ou comiques de la Calotte ; sous peine de multiples faux pas, les soldats ou vivandières qui avaient la prétention de danser étaient tenus de lui demander conseil. Naturellement, à titre d'appointements, les régents de la Calotte lui concèdent

> Deux mille écus sur tous les vents
> Ou vapeurs odoriférantes
> Qu'exhalent les troupes dansantes
> Dans les mois d'août et de juillet.

J.-B. Rousseau avait accusé Joseph Saurin d'être l'auteur des couplets qui provoquèrent le bannissement du poëte lyrique. Ce dernier ne se contenta pas de payer les quatre mille livres de dommages-intérêts auxquelles il fut condamné, il servit en outre un plat de sa façon méchante. Il breveta Saurin sous l'anagramme de J. Asinur ; le déclara original d'une espèce particulière et plagiaire intrépide, prétendant que ses œuvres sont

> Un vieil onguent pris hardiment
> Dans plus d'une ancienne boutique.

Saurin est *patriarche des missionnaires et convertisseur dans le pays méridional*. Il a la fourniture des onguents pour brûlures, et, comme
appointements mensuels,

> Mille écus sur les consistances
> Du néant et des vanités
> Dont les fonds lui sont affectés.

Après Rousseau, voici Voltaire qui brevète. La
victime est Camusat,

> Qui depuis a quitté rabat
> Pour prendre gentille soubrette,

et que l'on appelait « pupitre métamorphosé en
journaliste ». Bibliothécaire du maréchal d'Estrées, Camusat tenait sur son bras les livres qu'il
présentait au maréchal et conservait cette position
pendant que celui-ci lisait. Voilà pour le pupitre ;
journaliste fait allusion à l'*Histoire des journaux
imprimés en France*.

> Lui donnons pour appointements,
> Chacune année, quatre guinées
> Sur tous les feux ou cheminées
> Que le roi sans terre prendra
> Et des royaumes qu'il aura
> Par le grand succès de sa flotte.

Camusat, retiré en Hollande, avait eu l'étrange

fatuité d'écrire au maréchal d'Estrées qu'il le ferait élire amiral, afin de conduire le Prétendant en Écosse et conquérir l'Angleterre.

Camusat se vengea de Voltaire en l'agrégeant à son tour. Le « pupitre-journaliste » ridiculisé appuie sur la bastonnade de l'hôtel de Sully, à la suite de laquelle Voltaire dut fuir vers des rivages moins boisés, et y faisant allusion :

> Plus, accordons audit Voltaire,
> Pour figurer en Angleterre
> Et se glisser parmi les grands,
> Dix mille livres tous les ans
> Qu'il percevra sur la fumée
> Sortant de chaque cheminée
> De Paris, où brûle fagot,
> Cotret, bois de coudre, en un mot,
> Bois à brûler de toute sorte.

Samuel Bernard avait reçu de la Calotte des lettres de noblesse. Comme l'on présumait que ses trente-trois millions ne lui permettraient peut-être pas de figurer d'une façon convenable au nouveau rang auquel Samuel était appelé, on lui octroya cent mille francs de rente sur les banqueroutes qu'il fera faire conjointement avec les frères Pâris,

> Aimant beaucoup le bien d'autrui ;

banqueroutes

> Qu'il flaire doux comme baume.

Colombat, *imprimeur et libraire de la Calotte,* doit, en cette qualité, prélever mille écus sur les revenus des salines du régiment, pour que tout livre qu'il éditera ait un grain de sel à saveur exquise,

> Sel raffiné, sel urbanique,
> Sel doucereux et qui ne pique
> Le lecteur avec âcreté,
> Mais avecque bénignité.

En récompense de la merveilleuse trouvaille d'avoir composé pour une fontaine l'inscription *Quantos effundit in usus,* l'Académie des Inscriptions et Belles-Lettres reçoit par délégation la moitié des fonds sur les vapeurs que la science fournit abondamment.

Le poète Roy, l'ennemi acharné de Voltaire, avait été enfermé à Saint-Lazare et était l'auteur du *Coche,* satire contre l'Académie. Lorsque Roy fut autorisé à ouvrir une académie pour enseigner le mensonge et la calomnie, on lui délégua la perception de douze mille francs sur les balais de Saint-Lazare ; en outre, pour récompenser son zèle, la Calotte lui abandonna tous les profits qu'elle retirait de ses coches. *Auctore* Voltaire.

Mannory, avocat de l'archevêque de Paris, qui plaida pour les Jésuites dans l'affaire des cent un

tableaux[1], traversa en robe le jardin du Luxem-
bourg, le 17 août 1730. On le nomma *grand
maître et inspecteur des bals,* avec un revenu

> Assigné sur chaque visage
> Qui du vermillon fait usage.

Le brevet prétendait Mannory déguisé en femme, et les régents désirent

> Que les modes nouvelles
> De lui ressortissent en plein ;
> Qu'il fournisse tous les modèles
> Et qu'en arbitre souverain
> Il décide les bagatelles
> Qui barbouillent tant de cervelles
> Parmi le sexe féminin.

Afin de l'honorer, son buste en carton doit se trouver chez les modistes et coiffeuses.

Mannory amène à parler des avocats, des avocats qui avaient déjà la réputation qu'un vain

---

1. Tardif, ancien secrétaire du maréchal de Boufflers, ami de Watteau, de Largillière, d'Audran et de Gillot, avait formé une galerie comprenant cent un tableaux de valeur. Sur les instances du P. Dequet, il la légua au noviciat des Jésuites. Les héritiers dépossédés intentèrent un procès en captation que Richer inséra dans ses *Causes célèbres* (éd. de 1776, t. XII, p. 445 et suiv.) et qui fit grand bruit. Les Jésuites perdirent leur cause avec dépens.

peuple leur fait encore aujourd'hui, et quelle
réputation !

> Du royaume de hâblerie
> Ils possèdent tous les trésors.
> L'orgueil et la forfanterie
> Meuvent ce frénétique corps...
> Sans choix, d'une ardeur sans seconde,
> Ils défendent avec fracas
> La cause du Sauveur du monde
> Comme celle de Barabbas.

La Calotte leur décerne le brevet de *fauteurs
de nations mutines*. Une bonne partie au moins
se croyait au-dessus des lois, et ces avocats,

> Comme indépendants des rois,
> Assurent d'un ton fanatique
> Que seuls ils maintiennent les droits
> Et font la sûreté publique.

C'est le brevet, délivré en 1730, qui parle
ainsi.

A propos de la querelle qui eut lieu entre le
Parlement et les avocats du 25 mai au 23 juillet
1735, comme les avocats refusaient de plaider,
on disait :

> Adieu donc, adieu pour toujours
> Ces plaidoyers, ces beaux discours
> Qui faisoient dormir d'importance

Les conseillers à l'audience.
L'opium va bien renchérir,
Plus d'avocats pour endormir !

S'ils persistent dans leur refus,
Ils seront, ma foi, bien camus.
Le roi pour grossir son armée
Les fera marcher cette année.
On nommera ces fantassins
Le régiment des braillardins.

Ils endormoient le Parlement,
Ils feront trembler l'Allemand ;
Comme ils ont tous la voix très forte,
Ils gueuleront de bonne sorte.
La voix de ces nouveaux Centaures
Vaudra la trompette et le cor.

Et l'on ajoute :

Vous braillerez comme perdus,
Sans qu'il en coûte à nos écus.

Nous sommes loin des pensions. Revenons-y
avec le prévôt des marchands, Bernage [1], nommé
contrôleur des bâtiments à l'occasion du feu d'ar-

---

1. Louis-Basile de Bernage, seigneur de Saint-Maurice, Vaux,
Chasty et autres lieux, intendant du Languedoc, grand-croix,
secrétaire général et greffier de l'ordre de Saint-Louis, conseiller
d'État ordinaire, prévôt des marchands de 1743 à 1758.

tifice qu'il fit tirer, place de Grève, pour la con-
valescence du roi. Il lui est accordé

> La fumée de tous les lampions
> Que dans Paris l'on brûlera,
> Et que lui seul avalera.

Les généraux et chefs d'armée concédaient, moyennant finances, des lettres de sauvegarde à des provinces, des villes, abbayes, etc., même à des particuliers qui voulaient ainsi se préserver du pillage des troupes et des contributions de guerre. Villars en avait accordé en Bavière une si grande quantité qu'elles lui avaient valu deux millions de livres. Aussi, à son retour, le maréchal fut-il interpellé sur ce par Louis XIV, qui lui dit en riant qu'on l'accusait d'être un peu pillard. « Il est vrai, répondit Villars; mais je n'ai jamais pillé que les ennemis de Votre Majesté. » Comme *commandant de la brigade des Audacieux* [1], au vainqueur de Denain la Calotte délègue

> Pour ses salaires
> Les sauvegardes tutélaires
> Qui de la part du régiment
> S'accordent gratuitement.

---

1. On surnommait ainsi Villars depuis le passage du Rhin que tous les maréchaux refusèrent de tenter.

Elle l'autorise à croiser avec son bâton de maréchal une belle et bonne marotte ; le maréchal en
formera le fronton du château de Vaux. Là ce
phénix des guerriers goûte à l'abri de sa gloire
une parfaite tranquillité ; il s'enveloppe de sa
vertu et se rit d'un siècle à idées assez étroites
pour sottement lui imputer à crime d'avoir trouvé
le moyen de faire légitimement le bien de son roi
en même temps que le sien.

Mongin[1],

> Que le vrai sublime accompagne,

est l'auteur d'une oraison funèbre du roi d'Espagne. « Ce prince, dit-il, en peu de jours vécut
beaucoup d'années, et ses brillants diadèmes qu'il
porta si peu, qui si vite tombèrent, devraient instruire les grands de ce monde sur leur dernière et
triste demeure. » A Mongin, pour profits et droits,
deux mille phrases curieuses sur l'élite des mots
français, ainsi que quatre cents termes fleuris et
précieux dûment approuvés par les beaux esprits.
Défense aux indigènes des rivages de la Garonne

---

1. Edme Mongin (1688-1746), abbé de Saint-Martin-lès-
Autun, prédicateur, membre de l'Académie française (1708),
précepteur du duc de Bourbon et du comte de Charolais, évêque
de Bazas.

d'oser contrôler ni les phrases ni les tours des pièces oratoires de Mongin.

Le cardinal de Bissy, *archiviste du régiment,* chargé de faire croire

> Que vessies sont des lanternes,

a droit à hypothèque

> Sur le fonds des décomptes faits
> Aux officiers mis aux arrêts
> Pour cause de trop de sagesse.

En qualité de lieutenant général de police, Hérault traquait les « sœurs de l'ordre de Vénus ». Le régiment de la Calotte l'avait agrégé à cet effet. Aussi, il pouvait aller faire rage au second ou au troisième étage, même plus haut, à sa volonté, pour se rapprocher de la lune, inspiratrice de ses actions. Que librement « cet Aliboron » promène ses bévues dans tout Paris, avec triple calotte bien pesante pour claquemurer son cerveau et en empêcher l'évaporation. En outre, on lui concéda une rente sur chaque seau d'eau qu'il faisait jeter, afin d'éclabousser les passants. Hérault, en effet, avait trouvé

> Le secret utile,
> Qu'il n'aura pas tiré du grec,

De faire par toute la ville
Des crottes pendant le temps sec.

Enfin, à Mgr de Vintimille, archevêque de Paris,

Mangeur et buveur indomptable
Qui faisoit voir par ses écrits
Que parfois il quittoit la table,

par une grâce sans égale, la Calotte assigna ses revenus sur les contes bleus de Marseille. C'était son pays d'origine ; d'un autre côté, l'arrivée de Gaspard de Vintimille à l'archevêché de Paris fut en son genre une gasconnade. On s'attendait à ce qu'il ne tourmentât personne, et lorsqu'il prit possession du siège archiépiscopal, il invita le chapitre de Notre-Dame à accepter la bulle.

En même temps que Mgr de Vintimille faisait établir un nouveau bréviaire, Hérault ordonnait l'agrandissement des carafons des marchands de vin. A ce sujet courut cette épigramme plaisante :

Deux chantres altérés, en sortant de l'office,
L'autre jour, à longs traits sabloient d'excellent vin.
    « Qu'il est brillant, Dieu ! quel délice,
Disoient-ils en trinquant, d'en boire à verre plein !
    — Parbleu, dit un bedeau

Qui les regardoit faire,
Vintimille et Hérault
Sont de fort bons vivants.
L'un a raccourci le bréviaire,
L'autre a fait les flacons plus grands. »

APPENDICE

I

BIBLIOGRAPHIE DU RÉGIMENT

DE LA CALOTTE

— —

Le premier recueil imprimé des calottines fut publié, en 1725, à Bâle, chez les héritiers de Brandmyller, sous le titre de : *Mémoires pour servir à l'histoire de la Calotte*, format in-16, titre noir et rouge, orné d'un frontispice représentant les armoiries de la Calotte ; la gravure n'est pas signée. Le volume est divisé en deux parties à pagination spéciale. Comme marque distinctive de cette édition, en tête figurent : *Épître à Nosseigneurs les Régents de la Calotte ; Idée légère du régiment de la Calotte* et les paroles de trois airs formant parodie de la marche du régiment. Le recueil Brandmyller est imprimé en gros caractères, et fourmille de fautes d'impression. Du reste, cela lui est commun avec les autres éditions, où les compositeurs ont jonglé avec le sens et l'orthographe comme avec la quantité des vers.

Le libraire Colombat, ceint de l'épée et en habit de cour, offrait au roi chaque livre nouveau ; pendant la quinzaine du jour de l'an, il avait « l'usage modeste » de placer des suisses à sa porte. Considérant que son zèle pour le régiment nuisait à sa fortune, « tant par le peu de bons livres sortis de sa boutique » que par les dépenses nécessaires pour fourbir son épée et galonner ses justaucorps, on délivra à Colombat le privilège d'*imprimeur* et de *libraire du régiment*, et, seul de sa profession, il avait droit de porter l'épée.

Colombat tira habilement parti de cette plaisanterie. Lorsque parut le recueil Brandmyller, il adressa une requête pour se plaindre du procédé des héritiers de l'imprimeur de Bâle et réclamer ses droits. Gain de cause lui fut donné, et Colombat obtint un arrêt

> Enjoignant à tous calottins
> Qui rencontreront sous leurs mains
> Des exemplaires de ces suisses,
> D'en faire plier des saucisses,
> Boudins, jambons et cervelas
> Et torcher les *et cæteras*.

De là la deuxième édition : *Recueil des pièces du régiment de la Calotte*, à Paris, chez Jacques Colombat, imprimeur privilégié du régiment, l'an de l'ère calottine 7726. De format petit in-12, le volume est composé en caractères fins, même trop fins. Il comprend toutes les pièces du recueil de 1725, bien que classées dans un ordre différent, plus quelques brevets qui avaient vu le jour entre les deux éditions. Il ne forme qu'une partie, est précédé d'une préface rela-

tant l'historique du régiment et orné d'un frontispice signé Coypel *junior*.

Coypel avait été agrégé par brevet

> Fait le jour que Cardenio
> Causa vapeur plus meurtrière
> Que n'en cause un mauvais sermon.

A l'occasion de la chute de son ballet *les Folies de
Cardenio,* Coypel avait été chargé des théâtres de
garnison et créé en titre d'office *second peintre du
régiment.* On ne sait si c'est en vertu de ce brevet
que Coypel fils, qui était l'ami du généralissime
Aimon, dessina le frontispice de l'édition Colombat.
Ce qui fut plaisant, c'est qu'Antoine Coypel, son
père, le voyant créé second peintre du régiment,
crut que c'était lui, Antoine, que l'on désignait impli-
citement pour premier peintre. Il alla s'en plaindre au
Régent. Celui-ci de répondre qu'il n'exerçait aucun
pouvoir sur la Calotte et que Coypel s'adressât au
généralissime. « Monseigneur, répondit l'auteur de
la *Gloire* de la chapelle de Versailles, si Votre Al-
tesse royale ne me rend justice, je suis tellement
déshonoré qu'il faut que je sorte du royaume. —
Bon voyage », dit simplement le Régent.

On mit alors en vers la plainte d'Antoine Coypel,
et on la fit suivre de la réponse du duc d'Orléans :

> Nous, Régent, sur cette requête,
> Après mûre et solide enquête,
> Vu l'excès énorme et criant
> Dont Coypel fait plainte dolente,

> Souhaitons par notre patente
> Un bon voyage au suppliant.

Antoine Coypel hésita cependant devant les cahots de la diligence. Il se drapa dans son déshonneur et mourut philosophiquement à Paris, le 8 janvier 1722.

Dans le corps du volume Colombat, les calottines sont plus nombreuses que dans l'édition Brandmyller en tête de laquelle figure le nom de la personne brevetée. Puis, à de rares exceptions près, la table donne les noms quand à l'intérieur du volume on ne rencontre que des initiales. Les notes de l'éloge historique de Torsac mentionnent les éloges académiques ou les ouvrages d'où ont été tirées les phrases découpées et habilement soudées qui ont servi à former le panégyrique du généralissime défunt. Ces différentes clefs rendent précieux le recueil Colombat, qui est rare, du reste. En revanche, le *Camp de Condé*, pièce politique, et les *Dialogues du Parnasse*, n'y figurent pas.

On les trouve, revus et considérablement augmentés, avec la clef des personnages, dans l'édition de 1739. petit in-12 également. Le titre est repris de *Mémoires pour servir à l'histoire de la Calotte*. Cette « nouvelle édition, augmentée d'une troisième et quatrième parties », est timbrée : « A Moropolis, chez le libraire de Momus, à l'enseigne du jésuite démasqué, 1739. » Bien que chacune des trois premières parties ait une pagination spéciale, la table, qui, elle, n'est point paginée, est générale pour les trois parties, à la fin desquelles elle se trouve. La quatrième partie, qui ne comporte que trente-six pages, manque de table. Elle doit toujours être réunie aux trois premières, car elle contient la clef des dialogues insérés dans la deuxième partie.

L'édition de 1739, « cette édition est la seule véritable », contient un grand nombre de brevets inédits ; près de la moitié du volume en est composée. On y rencontre, en outre, *le Coche, le Temple d'Ignorance* et diverses autres pièces qui ne sont pas, à proprement parler, des calottines.

Il n'existe entre l'édition de 1739 et celle de 1752[1] d'autre différence que l'addition de l'arrêt qui destitue l'Opéra-Comique du titre et des privilèges de troupe calottine et les attribue aux Comédiens Français et Italiens. Le format est le même, in-12 ; le titre, rouge et noir, est le même aussi ; mais il porte le timbre : « Aux États calottins, de l'imprimerie calottine. » Chaque partie est paginée spécialement, mais, différence avec l'édition antérieure, chacune d'elles est précédée de sa table. La classification des brevets est semblable ; le nombre des pages est identique ; il ne diffère, — si différence il y a réellement, — que pour la deuxième partie qui compte 162 pages au lieu de 156 qu'elle avait en 1739, et la quatrième 32 au lieu de 36. Cela provient de ce que les six pages de la clef des dialogues ont été placées cette fois à la suite de ces derniers.

---

1. La Bibliothèque de Versailles possède un exemplaire de cette édition qui porte comme *ex libris* : « Ex Archivis recollectorum Versallientium », et au verso du faux-titre : « Mauvais livre donné au père Tiburce, récollet, en 1766. » Malgré cette qualification de l'ouvrage, les bons moines l'avaient précieusement classé dans leurs archives.

J'ai cité l'arrêt en faveur des Comédiens-Français ; le voici. Scarabin, par la grâce de Momus, prince du Fol Empire, électeur des Petites-Maisons, grand-duc de Haute-Folie et souverain des Espaces imaginaires, trouvait que l'Opéra-Comique devenait l'école du goût ; qu'il abandonnait sa destination primordiale. Au contraire, les Comédiens Français et Italiens faisaient tous leurs efforts pour atteindre le genre fou de la Calotte, qui désirait encourager les arts ridicules ainsi que ceux qui les cultivent. Les pièces visées sont *les Amours grivois* et *le Bal de Strasbourg*, à l'Opéra-Comique, et *l'Algérien ou les Muses comédiennes*. Scarabin termine en mandant à tous rimailleurs de trousser au plus vite, pour les nouveaux comédiens de la Calotte, quelque tragédie à mourir de rire ou quelque comédie où l'on pleurera à tire-larigot.

En 1754, une V^e et une VIe partie complétèrent l'édition de 1752. Elles y sont restées généralement accouplées. Mêmes titre et timbre d'imprimerie ; en plus, la mention : « Première édition ». En tête figure un avis de l'éditeur prévenant que ces parties renferment des brevets délivrés par Momus et non encore publiés. « Un nombre considérable de particuliers distingués qui ont mérité des brevets ont le chagrin de ne s'y point voir colloqués [dans l'édition de 1752], et de jouir seuls des faveurs que Momus leur a départies. Leurs concitoyens n'en savent pas un mot. »

Ce sont les calottines contenues dans le recueil de Maurepas qui composent le fond de ces V^e et VIe parties, lesquelles comprennent quelques pièces qu'on ne trouve pas ailleurs. Telles, entre autres : *Lettre-circulaire du roi de la Basoche à ses sujets, à l'occasion de l'arrêt du Parlement qui défend aux clercs de porter l'épée ;* la *Tencinade ;* la *Calotte d'Hérault ;* l'*Arrêt de la Basoche qui ordonne que le mandement de l'évêque de Laon*[1], *donné le 2 avril 1735 contre l'évêque de Saint-Papoul*[2], *sera brûlé par la main d'un décrotteur, le premier rencontré au bas du grand escalier de la cour du Palais, le 22 avril 1735 ;* les pièces pour servir à l'histoire des amours de M. Bornier et de la demoiselle Petitpas ; l'*Exilé à Versailles, histoire morale,* etc. D'un autre côté, la Ve partie publie à nouveau les lettres de noblesse de Samuel Bernard et l'ordonnance en faveur des chartreux réfugiés en Hollande, que l'on trouve dans l'édition de Bâle.

Toutes les pièces sont antérieures à 1745. Une seule, la dernière, est datée de 1752 : *Carillonnement général,* etc. Mme de Pompadour craignait trop la satire pour permettre qu'on rît. Avec son avènement aux faveurs royales, la Calotte prit fin. Les rimeurs eurent des vacances illimitées ; les collectionneurs de brevets durent avec tristesse conserver leurs cartons vides et n'y laisser entrer que la poussière ; les imprimeurs, par conséquent, n'eurent plus de besogne. Autrement dit, l'édition de 1754 est la dernière.

Outre les recueils dont il vient d'être parlé, on doit mentionner les deux volumes de « pièces non impri-

---

1. Étienne-Joseph de La Fare.
2. Georges-Lazare Berger de Charency.

mées » qui forment les deux derniers tomes du chansonnier Maurepas. Ces volumes (n°s 12654 et 12655 du supplément du fonds français à la Bibliothèque nationale), contiennent en effet des pièces qui n'étaient pas imprimées en 1743 ; mais quelques-unes ont paru dans l'édition de 1754. Cependant ce recueil est précieux, certains des brevets restés inédits ayant une réelle importance. Tel celui de professeur de théologie pour le cardinal de Fleury.

Le premier volume comprend la période écoulée de 1721 à 1729 ; le second, de 1730 à 1743. Chaque volume est complété d'une table alphabétique des noms, du titre du brevet et du premier vers de ce dernier.

En tête du premier volume figurent les armoiries de la Calotte et la musique des deux airs : *Fine Calotte, folle marotte*, et *Amis calottins, délicats et fins*, ainsi que la *Marche des étourdis*, composée en février 1721. En regard du titre de chaque brevet, le millésime de l'année, le nom du mois même quelquefois, est porté ; mais il y a des erreurs manifestes.

Outre des calottines, les volumes contiennent amplifiées l'*Épître à Nosseigneurs les régents de la Calotte* ; l'*Idée légère du régiment de la Calotte* (celle-ci est annotée), placées en tête des éditions de 1725 et de 1739. On y trouve encore inédit : *Nouveau Phénomène de l'astre qui domine le régiment de la Calotte sur M. le marquis de Courtenvaux*, capitaine des Cent-Suisses, qui avait parié contre M. de Monconseil de courir à cheval les yeux bandés, du rocher de Milly à Fontainebleau et qui aurait gagné son pari ; *Calotte au sujet de la gageure de M. de Courtenvaux et de M. de Monconseil;* autre sur le même sujet; la requête du *Mercure galant* sur le livre intitulé *Mercure,* etc. ; enfin, des pièces de vers dans le genre de celle-ci, signée N. Baudin :

SUR LA CALOTTE.

Reine de l'univers, tout fléchit sous ta loi ;
   Mais tes chaînes sont si légères
Que tout homme enivré d'orgueilleuses chimères,
Même en bravant tes fers, les porte comme toi.
   Jusqu'où ne s'étendent point tes conquêtes,
     Ton plomb toujours victorieux ?
     La calotte même des cieux
     N'a jamais couvert plus de têtes.

Notons encore un recueil manuscrit de la première moitié du XVIII⁰ siècle, que possède M. le général Mellinet, collectionneur heureux et toujours si bienveillant. Le recueil Mellinet comporte 373 pages ; il contient une grande partie des calottines, soit imprimées, soit insérées dans les deux volumes de Maurepas. Malgré les archivistes brevetés, les classeurs attitrés que la Calotte s'était adjoints, l'ordre des pièces était peu respecté. Le recueil Mellinet en est une preuve ; leur classement est nouveau, comme nouvelles sont les classifications dans le Maurepas et dans les diverses éditions. La pièce de Baudin que je viens de citer, ouvre le volume de M. le général Mellinet, alors qu'elle figure au milieu du premier tome de Maurepas.

La partie « gravure » est moins riche. La Bibliothèque nationale possède, dans la collection d'Hennin, les armes du régiment avec l'explication, format in-folio, et un portrait d'Aimon, par Charles Coypel, de format également in-folio. Dans la grande collection des portraits se trouve une seconde épreuve du portrait d'Aimon in-folio et deux exemplaires du même portrait format in-8°.

Entre les formats in-folio et in-8°, existe une différence notable. Les ornements de gauche de la grande épreuve sont placés à droite dans la petite. Dans celle-ci, Aimon appuie la main gauche sur la marotte ; c'est le contraire dans celle-là. Comme suscription, le portrait in-folio porte : « Aymon premier, dessiné par son ami Ch. Coypel », et la date 1726 sous les armoiries ; enfin, la mention : « Gravé à l'eau-forte par L. C. C., terminé au burin par Joullain. »

Le nom du graveur ne figure pas sur le portrait in-8° qui a pour lettre : « Aimon, premier général de la Calotte » ; et au bas : « Ch. Coypel *del.* » Ce portrait existe encore en troisième épreuve avec cette seule inscription : « Aimon premier. » En haut : page 60. Cette pagination se rapporte au poème calottin du *Conseil de Momus.*

Sur la même feuille qu'un exemplaire du portrait in-8°, se trouve le « drapeau du régiment de la Calotte, inventé par le général ». Le dessin est de Coypel (il est signé Ch. C**), et la gravure de Surugue. Enfin, le département des estampes possède une méchante gravure ayant, au milieu d'ornements, des marottes sur chaque côté, au bas la Folie sur un trône, et dans un écusson central l'inscription : *Stephano Aimoni, Calottæ principi.*

Drapeau du regiment de la Calotte
Inventé par le Général.

Le régiment de la Calotte est cité dans le *Journal de Barbier* et dans les divers dictionnaires historiques ou encyclopédies, sauf le *Bouillet*. Le *Magasin pittoresque*, le *Moniteur universel*, la *Mosaïque,* lui ont consacré des articles.

Le Sage fit une comédie sur la Calotte. *Le Régiment de la Calotte* [1], — c'est le titre que l'auteur de *Gil Blas* donna à sa pièce, — fut représenté à l'Opéra-Comique, à la foire Saint-Laurent, le 1er septembre 1721, et joué à nouveau, le 2 octobre suivant, au Palais-Royal par ordre de Madame.

Les personnages sont Momus, la Folie, un Avocat, un Poète, M. Pluvio, Céphise, Dorimène, Pantalon, acteur de la comédie italienne; troupes de calottins et de calottines. Le théâtre représente la salle d'assemblée du régiment; au fond se trouvent les armoiries du corps.

Momus estime que la Folie enrôle trop de monde; lui-même va examiner les nouvelles recrues. Un avocat se présente; il a épousé une gaillarde qui le... « marque au coin des procureurs ». Son infortune fut par lui divulguée : *Trompette dans la brigade des cocus.* Céphise est nommée *vivandière;* elle a ruiné un caissier, et elle s'est vu à son tour mettre à sec par son bon ami.

Voici M. Pluvio, qui paria qu'il tomberait de l'eau quarante jours de suite, parce qu'il avait plu le jour de Saint-Gervais :

> Le temps se barbouille, bouille, bouille,
> Le temps se barbouillera.

---

1. Elle se trouve, entre autres, dans le *Théâtre de la Foire,*

Malheureusement la pluie cessa le dixième jour, et la fortune de M. Pluvio fut employée entière à acquitter le montant de son pari. C'est l'*Astrologue du régiment*.

Un poète dont la plume se refuse à vanter tout autre que lui, demande argent de certains brevets. Momus crée ce nourrisson des Muses *sous-secrétaire*, et lui octroie 4,000 francs sur la fumée des pipes. La charmante Dorimène demande ensuite son incorporation. « J'aurais envie de vous mettre à la queue de la brigade des endormis pour les réveiller. » Mais Momus réfléchit que la donzelle n'est pas la vertu même, qu'elle eut nombre d'amants, qu'on ne peut fixer les coquettes.

> Les hommes sont-ils plus constans ?
> Dès que nous les rendons contens,
> Adieu paniers, vendanges sont faites,

répond Dorimène. Ne sollicitant son admission dans la Calotte que pour y choisir un maître de son cœur, instituée *inspectrice*.

Les Comédiens-Italiens ont quitté leur hôtel pour la Foire, dépensant force argent pour monter des pièces tombées avec le rideau ;

> Mais le trait original
> C'est d'imaginer un bal

(qui coûta de grosses sommes et où personne ne se rendit),

Amsterdam et Paris, 1783, et en tête du tome XV des *Œuvres choisies* de Le Sage, Paris, Leblanc, 1810.

Dans la ca, ca, ca,
Dans la ni, ni, ni,
Dans la cu, cu, cu,
Dans la ca, dans la ni, dans la cu,
Dans la canicule,
Chose ridicule.

Pantalon est reçu d'emblée, et Momus remet au lendemain les autres admissions.

La comédie se termine par la réception solennelle de Pantalon, scène renouvelée du *Malade imaginaire*.

Messiores calottini,
Meo favore si digni,
Dans le grand besoin qu'avetis
De bonis comedianis,
Vous ne pouvez mieux facere
Qu'italianos prendere.
Volunt cum vobis essere
Pour vous bene divertire...

Pantalon, ayant satisfait aux questions posées afin de s'assurer s'il avait l'esprit du régiment, est déclaré digne d'entrer. Il jure de garder les statuts et

De non jamais se servire
D'auteurs qui soient meliores
Que ses auteurs ordinares,
Troupa dût-elle crevare,
Ou sortire du Royaumœ.

Momus, enfin, le reçoit et lui donne pleins pouvoirs, ainsi qu'à ses confrères,

Decorandi,
Cantandi,

> *Balandi,*
> *Baragouinandi*
> *Et ennuyandi*
> *Tant in villá qu'au faubourgo.*

L'orchestre reprend la marche. L'un après l'autre les calottins vont saluer Pantalon. On danse. Pendant que les hommes chantent les louanges du régiment, les calottines engagent les beautés mal pourvues à venir y recruter :

> Pour l'amour vif et badin
> Rien n'est tel qu'un calottin,
> Tin, tin, tin, tin,
> Tirelin, tin, tin.

II

MARCHE DES ÉTOURDIS

COMPOSÉE POUR LE RÉGIMENT DE LA CALOTTE

PAR DORNEL

Organiste à l'église Sainte–Geneviève-des–Ardents

(Février 1721).

III

PARODIE

SUR LA MARCHE DES ÉTOURDIS

———

PREMIER AIR

Fine Calotte,
Folle marotte,
Vous seule réglez notre charmant destin.
Aimer et boire
Fait notre gloire.
Vous accordez l'amour et le vin.

Dans notre allégresse
Nous fuyons sans cesse
Les ennuis et la tristesse.
Les bons mots
S'y disent à propos ;
Souvent l'on y pique
Et l'on critique
Les bigots
Et les sots.

Loin de nous
Tous les jaloux.
Ce sont les plus tristes fous;
Ce sont de vrais loups-garous
Pleins de courroux,
De francs hiboux
Portant les dégoûts
Dans les plaisirs les plus doux.

Chassons avec eux
Tous mortels fâcheux.
Que les Ris et les Jeux,
Vénus et les Grâces
Avec Momus s'emparent de leur place.

Fine Calotte...

DEUXIÈME AIR

Les Calottines.

Amis calottins,
Délicats et fins,
Si Momus préside à vos festins,
Si dans vos fêtes
Bacchus chaque jour,
Secondant l'Amour,
De mille conquêtes
Sait augmenter votre cour,
Unissons nos rats.
Ne tardons pas.
La meilleure affaire
Que nous puissions faire,
C'est de folâtrer,

Causer,
Railler,
Danser,
Chanter,
De s'enivrer,
Même d'aimer
Sans vouloir s'engager.
Qu'Aimon, notre grand général
Original,
Soit connu par toute la terre;
Que tant en guerre
Qu'en paix,
Par ses gestes et par ses faits,
Son nom s'éternise à jamais!
Que jusque sur les sombres bords,
Dans ses transports,
Il lance des brevets aux morts
Sans nul remords!
Que dans les cieux,
Parmi les dieux,
Il sème ses brevets joyeux!
Que sur les mers
Brevets divers
Volent au bout de l'univers!
Et que dans la postérité
Il soit vanté
Et par nos brevets exalté!
Qu'il soit, s'il se peut, trompeté
Et par nos hérauts publié!
Qu'au Parnasse il soit agrégé!
Qu'en Calotte il soit placé,
Ayant la médaille au côté,
Avec l'étendard déployé,
De rats tout parsemé!

TROISIÈME AIR

Des Calottins.

Loin d'ici
Le chagrin et le souci !
C'est en raccourci
Ma philosophie.
Je bannis la sagesse et la raison,
C'est de notre vie
Le poison.
Je me ris des préceptes du sage.
Sans procès, sans femme et sans ménage,
J'ai la liberté,
La tranquillité,
J'ai de la santé,
J'ai de la gaîté.
Le plaisir fait ma béatitude.
Affranchi de toute inquiétude,
Mon esprit fait toujours son étude
Des attraits de la volupté.

(La musique des deux premiers airs se trouve en tête du tome 1er du recueil manuscrit de Maurepas, à la Bibliothèque nationale.)

IV.

CHANSON

Plan, plan, plan, place au régiment de la Calotte.

SUR LA TRANSMUTATION DU FER EN CUIVRE[1].

Le seigneur Claude de Ledain
Veut changer le fer en airain.
Pour acquérir des métairies
Il a recours à la chimie ;
Mais on le trompe fort souvent,
Et ses projets s'en vont au vent.
La plaisante marotte !
Plan, plan, plan,
Place au régiment
De la Calotte.

Salvagnac avec son caquet
Est digne auteur de ce secret ;

---

1. Voir ci-dessus, p. 112.

Mais Bolduc, cet apothicaire,
A découvert tout le mystère,
Et comme un emballeur de vent
On l'traitera dorénavant.

Ce nigaud n'est pas trop savant,
Quoiqu'il eût été lieutenant,
On reconnaît en sa personne
La bête déguisée en homme.
Sans raison ni philosophie
Il voudrait tromper tout Paris.

Ce personnage ignorant
Qui est chevalier de Latran,
Étant un très léger artiste,
A été nommé alchimiste
Des calottins, braves enfants,
Pour leur servir d'amusement.
La plaisante marotte!
Plan, plan, plan,
Place au régiment
De la Calotte!

V

LA CALOTTE DANS L'ARMÉE

AUTREFOIS — AUJOURD'HUI

A Calotte disparut vers 1752, mais de la société civile seulement. Elle prit pied dans l'armée; elle y subsiste encore aujourd'hui.

Autrefois, — le *conseil de la Calotte* était une société formée entre les officiers de chaque régiment au-dessous du grade de capitaine, pour se défendre contre l'arbitraire des chefs, — on prétend que d'irrévérencieux lieutenants s'attaquèrent à d'imposants colonels, — réprimer certains écarts de conduite et se maintenir dans les traditions de l'honneur militaire. Comme le régiment défunt, le conseil de la Calotte était une sorte de censure à caractère à la fois grave et bouffon.

Lorsque Bonaparte était lieutenant au régiment d'artillerie de La Fère, il fut chargé par ses camarades de rédiger un règlement pour la Calotte du corps. M. de Buonaparte, — il ne supprima l'*u* que lors de sa prise de possession du commandement en chef de l'armée d'Italie, — était alors plongé dans l'élaboration de son *Histoire de Corse;* il travaillait à un roman et à un drame historique, *le Comte d'Essex;* il venait de terminer un conte genre Voltaire et Diderot : *le Masque prophète.*

Le génie cherchait sa voie. Le futur Empereur et Roi était misanthrope et désespéré. Il maudissait la société, déclarait les hommes « lâches, vils, rampants ». Pauvre, d'un caractère difficile, il rencontrait peu d'amis. « La vie m'est à charge, écrivait-il, parce que je ne goûte aucun plaisir et que tout est peine pour moi. »

Cette disposition d'esprit ressort de ses ouvrages de l'époque, de sa correspondance d'alors. C'est elle qui présida à la confection du règlement de la Calotte du régiment de La Fère. « Il y mit tant de préoccupations politiques et d'emphase que son travail fut jeté au feu; mais il en est resté un brouillon incomplet que M. de Coston a publié sous ce titre : *Règlement de la Calotte du régiment de La Fère, composé en* 1788 *par Napoléon Bonaparte.* » Pour cette appréciation, je copie M. Vapereau, car je n'ai pu me procurer à la Bibliothèque nationale la brochure de M. de Coston.

Pourtant, le régiment de La Fère était un joyeux régiment. « On y danse trois fois par semaine, on y joue aux battoirs deux fois, et le reste du temps est employé aux quilles, aux barres, à faire des armes. Les plaisirs y règnent; tous les soldats ont la haute paye, bien récompensés... » Ce tableau est riant. Il est tracé par M. de Richoufftz, capitaine au régiment. Toutefois, je crois qu'il est prudent de ne point le prendre trop à la lettre, car il figure sur une affiche faisant appel à l'enrôlement. La pilule est dorée, plus que dorée.

En 1820, M. d'Etalleville [1] fit paraître un poème en trois chants intitulé : *La Calotte du régiment Royal-Lorraine, cavalerie* [2]. La préface donne les renseignements les plus complets sur la Calotte dans l'armée. Je la résume.

Le premier lieutenant dans l'infanterie, le premier sous-lieutenant dans la cavalerie, étaient chefs de la Calotte. Ils exerçaient sur les jeunes officiers une police qui redressait les petits torts de convenance et de délicatesse. Le corps entier des officiers soutenait, les inspecteurs généraux protégeaient le tribunal comique; il était voulu par le ministre. Qui osait se révolter contre ses arrêts et en demander

---

1. Pierre-Laurent Guyot, chevalier d'Etalleville, né en 1753. Sous-lieutenant, lieutenant, puis capitaine au régiment Royal-Lorraine, de 1769 à 1787 ; chef de cohorte dans la garde nationale de la Seine-Inférieure en 1806.

2. M. le général Vanson est un érudit en histoire militaire. Les questions de vie intérieure des régiments lui sont familières. C'est à son obligeance que je dois de connaître le poème de M. d'Etalleville, qu'il a bien voulu me communiquer. Je le remercie de sa complaisance qui m'a permis de compléter cette partie de mon travail.

Je ne dois pas oublier mon ami Gustave Delsarte, ancien lieutenant au 8e hussards, régiment où l'usage s'est perpétué, à qui je suis redevable de renseignements intéressants sur la Calotte dans l'armée moderne.

raison à ses supérieurs, se voyait contraint de donner réparation par les armes à tous ses camarades. S'il survivait, il ne lui restait que la latitude de se retirer pour guérir chez lui ses nombreuses blessures. Les plus mauvaises têtes y regardaient à deux fois.

Ordinairement la peine prononcée par les sentences consistait en la *bascule*. Pour la donner on formait le cercle. Les calottins se pinçaient le nez. Le chef, placé au centre, faisait sa ronde. Avec un doigt il frappait le front de chaque assistant. On répondait à cet appel en imitant le mieux possible le son d'une cloche. Naturellement le timbre condamné d'avance paraissait seul fêlé. Aussitôt ordre de refondre la matière. Un cavalier vigoureux, « preux que la soif consume », passait sa tête entre les jambes du patient ; il se redressait et portait sur ses épaules le calottin ayant la tête en bas. La partie du corps qui devenait ainsi la plus élevée, offrait un vaste champ au bras justicier. On proportionnait la force du coup à la gravité de la faute.

Certaines bascules étaient consciencieusement appliquées ; d'autres furent données seulement pour la forme. Le patient faisait, dans cette posture incommode, trois ou quatre fois le tour du cercle. Remis sur ses pieds, il offrait à son porteur six francs, « toujours bien reçus », ajoute M. d'Etalleville. Si pendant la cérémonie la musique avait fait l'honneur de jouer, il fallait doubler la somme. Cette générosité forcée constituait une aggravation de peine que la bourse d'un sous-lieutenant ressentait vivement.

Bien que l'usage eût consacré cette punition, Messieurs de Royal-Lorraine trouvèrent qu'elle rappelait trop un châtiment du jeune âge pour ne pas déplaire à des hommes. On remplaça la bascule par des courses au milieu d'une haie de pots d'eau. Cette loi humide étouffait un peu, noyait beaucoup ; ces considérations la rendaient redoutable, et elle était redoutée, partant efficace.

Le premier chant de *La Calotte du régiment Royal-Lorraine* est consacré à la description des *Pots à l'eau*, dont la première victime fut un cadet-gentilhomme. Les calottins se placèrent sur deux rangs vis-à-vis, chacun tenant en main un vase rempli d'eau. Le coupable paraît. La mise en scène ne l'effraye point, il applaudit à son sort et se lance entre les haies, saluant d'un ton railleur. Il se croit sauvé ; mais désillusion ! De tous côtés sur lui l'orage s'abat ; son front ruisselle, les vêtements lui collent à la peau ; il est transpercé.

> Nageur à sec, noyé sur terre ferme,

il demandait grâce. Mais un sous-lieutenant qui s'amuse est sans pitié ; le coupable vit la sentence recevoir entière exécution. Enfin, il s'enfuit en toute hâte chercher chez lui un asile contre les flots calottins.

L'épreuve réussit à la satisfaction générale ; on supprima donc la bascule. L'effet produit fut si salutaire que pendant trois mois la peur rendit sage.

Outre son résultat moralisateur, la Calotte militaire avait un but récréatif. Les *Barres* étaient un jeu très en vogue. On y jouait en présence des généraux et devant la meilleure société des villes. Une grande magnificence était déployée ; on en mettait dans les habillements, dans les drapeaux, dans les fanions. Sous une tente étaient dressées des tables chargées de friandises et de rafraîchissements que l'on offrait aux dames. La musique du régiment jouait durant le jeu et servait d'orchestre au bal qui suivait la collation.

Distingués par des ceintures ou des drapeaux de couleurs différentes, les deux partis se rendaient, en suivant leurs bannières, sur le terrain de la lutte. Un des porteurs de drapeaux s'arrêtait en y arrivant ; l'autre s'éloignait d'environ cent toises. Solidement plantés en terre, les drapeaux servaient à marquer les barres. Un fanion placé à trente pas indiquait l'endroit où les prisonniers resteraient. Le prisonnier fait le premier tenait d'une main la lance du fanion ; les autres captifs se touchaient du bout des doigts, ayant les bras allongés afin d'étendre le plus possible la chaîne et de venir ainsi au-devant du libérateur.

Le joueur le plus expérimenté de chaque camp était nommé roi des barres ; il commandait l'attaque, il ordonnait la retraite.

La partie s'ouvrait par l'envoi d'un député qui venait, au nom du roi son maître, déclarer la guerre au peuple voisin. Après avoir lu d'un ton grave un long manifeste, l'ambassadeur choisissait un adversaire dans la troupe ennemie et se sauvait. On le poursuivait ; à leur tour les siens donnaient la chasse, et les barres étaient engagées.

Quant à la manière de jouer, cela se passait de la même façon que le font aujourd'hui les écoliers et les amateurs du jardin des Tuileries. Les coureurs émérites, placés sur un tertre voisin, jugeaient les contestations ; leur décision était sans appel. Enfin, des factionnaires gardaient l'arène pour laisser le champ libre aux lutteurs.

En terminant sa préface, M. d'Etalleville souhaite que la paix rétablisse dans l'armée la police de la Calotte et les jeux des calottins. Aujourd'hui, nos officiers préfèrent avec raison l'étude aux jeux ; des manœuvres tactiques ou stratégiques ont remplacé les barres ; mais la première partie du vœu de l'auteur de *La Calotte du régiment Royal-Lorraine* a été exaucée. Je ne sais à quelle époque la Calotte fut rétablie comme tribunal, mais elle existait sous le second empire parmi les officiers et dans la troupe ; elle existe encore.

Aujourd'hui. — Toutes les fautes commises dans l'armée ne sont point ou ne peuvent être déférées aux tribunaux militaires ou à l'autorité supérieure. Il en est que les soldats répriment eux-mêmes. Bien que le châtiment n'entraîne pas pour celui qui le subit des conséquences aussi graves, le coupable paye cependant le prix de sa faute. La peine porte ses fruits et la Calotte rend de grands services. On n'est pas déshonoré, mais humilié, et pour certaines natures l'humiliation publique est pire que le déshonneur inconnu.

Un homme volait à différentes reprises du pain à ses camarades. Des soldats choisis parmi les plus anciens, quelquefois même dans les conscrits de sa classe, et faisant partie de la même chambrée, lui attachaient un pain sur le dos. Le coupable se promenait ainsi dans les cours du quartier des heures entières. Cette punition pouvait être répétée plusieurs jours de suite. Rarement, disait l'ami complaisant dont je tiens ces renseignements, on vit le même individu s'exposer deux fois à cette humiliation.

Il arrive que, pour éviter service et corvées, un cavalier prétexte une maladie qui échappe à la science ou bien aggrave un mal léger au début. Les camarades qui se trouvent contraints de faire son service, commencent par le prévenir d'avoir à cesser cette comédie. S'il n'en tient pas compte, le tribunal de la Calotte fait *sauter en couverte* le carottier; autrement dit, on le berne. S'il veut que cet exercice prenne fin, il promet de ne plus recommencer.

Pour des fautes graves : vol d'effets, d'argent, etc., la peine est plus sévère. C'est la couverte, mais on y met des sabots, des pistolets qui sautent avec le coupable. Encore, on étend l'homme sur une table, la face postérieure en l'air. Tous les cavaliers de la chambrée viennent à tour de rôle donner avec un surfait de cuir un coup sérieux sur la convexité charnue qui leur est offerte. Il n'est pas permis de se dispenser de frapper, à moins que l'on ne consente à remplacer le condamné sur la table. Dans les régiments de tirailleurs algériens la fessée est gracieusement allouée quelquefois aux turcos qui témoignent trop de tendresse pour leurs camarades.

Lorsque des peines corporelles vont être infligées, les gradés se retirent de la chambrée, — au besoin on les en prie, — et la justice est rendue par les camarades. Le gradé qui resterait serait répréhensible au point de vue du règlement, car cette justice sommaire est interdite. Mais n'a-t-on pas toujours le droit de n'être point informé de ce qui se passe?

Même quand on l'ordonne. Un jeune hussard qui comptait six mois de service, tire une bordée de vingt et un jours. Pendant ce temps l'escadron est privé de permission. Le colonel, — un de nos bons généraux de cavalerie, — se dit que cet homme avait peu de service; qu'il était rentré de lui-même, n'avait pu être porté déserteur, et que si on le faisait passer devant le conseil de guerre, celui-ci le renverrait indemne. Toutefois, il jugea qu'une punition était nécessaire. Un maréchal des logis est mandé, et le colonel l'engage à faire passer le hussard aux étrivières. Ce fut fait religieusement par les camarades vexés d'avoir été punis pour une faute qu'ils n'avaient pas commise. L'escadron forma la haie et le coupable passa au milieu, recevant des marques touchantes et bien senties d'un mécontentement de hussards. Moralité des étrivières : l'homme châtié devint sage; aujourd'hui il est cocher de fiacre à Paris, et lorsqu'il rencontre son ancien maréchal des logis, il veut le voiturer gratis. *Le Citoyen!* vous qui avez voué le fait à l'indignation publique, que pensez-vous de cet oubli plus que chrétien des injures : avoir autrefois tendu l'une et l'autre joue, et maintenant tendre sa voiture?

Parmi les officiers, la Calotte est une sorte de franc-maçonnerie. Lors de l'arrivée au régiment d'un nouvel officier, il lui est demandé s'il veut être initié. Accepte-t-il, l'initiation est faite avec cérémonie. Le colonel, les officiers supérieurs y assistent, mais seulement ceux qui ont consenti à être reçus dans la Calotte ; car le *mot* est à diverses reprises lancé dans la conversation pour que le nouveau membre puisse chercher à le deviner ; enfin, il lui est révélé. Jamais ce mot n'a été divulgué [par les associés. Il sert à se retrouver dans la vie et même à prévenir les tours de chevaliers d'industrie.

Un officier de hussards se trouve un jour à dîner dans une maison amie. Un des convives est choyé de ses hôtes qui ont pour lui toutes prévenances. Dans le cours de la conversation, notre officier entend que ce personnage dit avoir servi dans son régiment. Après le dîner, il l'aborde, s'enquiert de l'époque où il fit partie du corps et finalement lui demande le mot de la Calotte. Cette question reste sans réponse ; l'individu tourne le dos, quitte la maison, et jamais on ne l'y a revu.

Le chef de Calotte est le plus ancien sous-lieutenant du régiment. Il seconde dans ses fonctions le président du mess des lieutenants et sous-lieutenants. Spécialement chargé de la discipline de la table, c'est lui qui débat le prix de la pension ; il porte les réclamations au maître d'hôtel. Seul il a droit de prendre la parole auprès de ce dernier toutes les fois que les officiers croient devoir se plaindre de la quantité ou de la qualité de la nourriture, du service, etc. Mais ce droit n'est pas toujours observé rigoureusement.

Il entre également dans les attributions du chef de

Calotte d'apaiser les discussions politiques et d'arrêter les lances près de se rompre sur les questions religieuses. Il met fin aux libertés que les officiers pourraient prendre avec les bonnes qui les servent..., mais seulement lorsque ces libertés sont prises à table. En pareil cas, la punition infligée est généralement l'amende.

Dans certains mess, une vaste calotte rouge est là toute préparée. Un officier le mérite-t-il par un acte aventureux, par une parole ridicule ou hasardée, le chef de Calotte vient gravement lui poser le bonnet sur la tête. Celui qui est ainsi coiffé est condamné de par l'usage à offrir un extra.

En résumé, la Calotte est une institution utile, qui a rendu des services et est appelée à en rendre encore. Elle maintient l'esprit de corps parmi les officiers; elle entretient les traditions de l'honneur militaire. Par elle le coupable reçoit le châtiment qu'il mérite, et les fautes ne sont connues que des pairs. Leur divulgation ne vient pas ternir la considération de la grande famille militaire, tant battue en brèche aujourd'hui. Que l'on se rie de l'esprit de corps, que l'on critique ses rigueurs quelquefois poussées à l'excès, mais que l'on n'aspire point à sa disparition ! C'est par lui qu'une armée reste forte; par une armée forte et honorée une nation demeure et considérée et puissante.

TABLE

Imprimé par Jouaust et Sigaux

POUR LA COLLECTION DES

CURIOSITÉS HISTORIQUES ET LITTÉRAIRES

PARIS, 1886.

CURIOSITÉS HISTORIQUES

ET LITTÉRAIRES

Les curiosités historiques et littéraires que nous voulons réunir dans cette collection se rapporteront surtout aux trois derniers siècles et au commencement du siècle présent.

Outre les exemplaires ordinaires, imprimés sur beau papier vélin, nous avons aussi des exemplaires numérotés, sur *papier de Hollande, papier de Chine* et *papier Whatman*.

EN VENTE

Les Almanachs de la Révolution, par Henri Welschinger . . . . 4 fr.

Voyages de Piron a Beaune, publiés par Honoré Bonhomme . . . . 3 fr. 5o

Parades inédites de Th.-S. Gueullette, publiées par Ch. Gueullette . . . . 4 fr. 5o

Madame la Comtesse de Genlis ; sa vie, son œuvre, sa mort ; d'après des documents inédits, par Honoré Bonhomme. . . . . 4 fr.

Lettres d'amour de Henri IV, publiées par M. de Lescure . . . . 4 fr.

1691 — Paris, imp. Jouaust et Sigaux, rue Saint-Honoré, 338.

BIBLIOTHEQUE NATIONALE DE FRANCE
3 7502 042868 17 6